KB153190

하루 1분
역사게임

이 도서의 국립중앙도서관 출판예정도서목록(CIP)은 서지정보유통지원시스템 홈페이지
(http://seoji.nl.go.kr)와 국가자료공동목록시스템(http://www.nl.go.kr/kolisnet)에서
이용하실 수 있습니다.(CIP제어번호 : CIP2019047166)

하루 1분 역사게임_세계사편

초판 1쇄 발행 2019년 12월 10일

엮은이 YM기획 / **감수** 유정호
펴낸이 추미경

책임편집 이서윤 / **마케팅** 신용천

펴낸곳 베프북스 / **주소** 경기도 고양시 덕양구 화중로 130번길 48, 6층 603-2호
전화 031-968-9556 / **팩스** 031-968-9557
출판등록 제2014-000296호

ISBN 979-11-86834-99-2 (14320)
      979-11-86834-95-4 (세트)

전자우편 befbooks15@naver.com / **블로그** http://blog.naver.com/befbooks75
페이스북 https://www.facebook.com/bestfriendbooks75

두뇌 자극과 역사 상식을 키우는—— 세계사편!

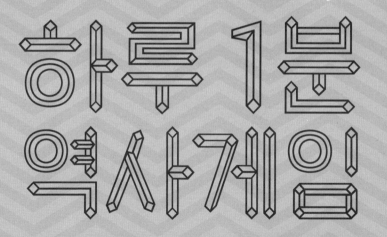

하루 1분
역사게임

YM기획 엮음 | 유정호 감수

베프북스
Best Friend Books

우리의 역사를 넘어 세계사까지

『하루 1분 역사게임』 한국사편과 『하루 1분 역사게임』 세계사편 두 권의 책에 우리의 역사와 세계사를 담았다는 점에 역사를 가르치고 좋아하는 사람으로서 행복함을 느꼈습니다. 베프북스에서 역사의 중요성을 인지하고 특별히 더 힘을 기울였다는 사실이 고맙고 감사했습니다.

역사는 교양을 갖춘 사람을 판단하는 중요한 잣대가 됩니다. 우리의 역사를 넘어 세계의 역사를 잘 아는 사람을 만나면 매우 박학다식하다는 느낌을 받습니다. 그리고 품위 있어 보입니다. 그러나 학창시절 공부했고, 최근 언론과 미디어를 통해 세계의 역사를 접하더라도 역사적 사실을 오래 기억하기란 쉽지 않습니다. 아무래도 세계의 역사 인물과 지역이 우리에게 생소하고, 실질적으로 우리와 깊은 연관을 갖지 않는 경우가 대부분이기 때문입니다.

그럼 어떻게 세계의 역사를 오래 기억할 수 있을까? 『하루 1분 역사게임』한국사편처럼 세계사 역시 퀴즈를 통해 쉽고 재미있게 접근하면 좋은 효과를 얻을 수 있다고 생각합니다. 일반 역사 서적을 읽는 것보다 더 오래도록 기억되고 활용할 수 있을 것입니다.『하루 1분 역사게임』세계사편은 우리에게 친숙한 중국과 유럽의 역사를 많이 다루고 있습니다. 그렇기에 활용할 수 있는 역사적 인물과 사건이 많습니다. 또한 우리에게 많이 알려지지 않은 동남아시아, 아메리카, 아프리카의 역사도 다루고 있어 다양한 호기심을 자극하고 충족시켜줍니다. 친절하게도 문제마다 어느 지역의 역사인지를 표시해주어 우리가 쉽게 이해할 수 있도록 도와줍니다.

분명『하루 1분 역사게임』세계사편을 통해 많은 역사적 지식을 다 알 수 있다고 말하면 거짓말입니다. 하지만『하루 1분 역사게임』세계사편은 고대에서 21세기의 광범위한 시대와 세계 곳곳의 역사를 묻고, 질문에 대한 답만이 아니라 부연 설명도 충실히 하고 있습니다. 그렇기에 독자의 세계사에 대한 관심을 높여주고, 스스로 더 많은 공부를 할 수 있는 계기를 만들어 줄 것이라 자신합니다.

세계의 역사. 부담스럽지 않게 가벼운 마음으로 하루에 한 문제씩 즐겁게 풀면서 천천히 다가가면 어떨까요? 때로는 아는 것을 확인해서 즐겁고, 때로는 모르는 것을 알게 되어 재미있는 세계의 역사를 만나러 하루 1분만 투자하시길 바랍니다. 분명 『하루 1분 역사게임』 세계사편은 여러분의 지적 욕구를 자극하고 채워줄 수 있을 것입니다.

역사교사 & 칼럼리스트

유정호

Contents

이렇게 활용하세요!

과다한 업무, 학업 스트레스,
무의미한 일상의 반복…
멈춰버린 뇌에 다시 시동을 걸어볼까요?
매일 특정한 시간을 정해
뇌에 자극을 주는 게임으로 잠들어 있는 뇌를 깨워주세요.
단순한 게임이 아닌
역사 상식까지 얻을 수 있어 더욱 유익합니다.

1. 《하루 1분 역사게임》은…

재미있게 풀어보는 것만으로도 역사 상식과 지식을 얻을 수 있는 다양한 역사 문제들을 모아 실었습니다. 순서대로 하루하루 풀어보는 것을 권해드립니다.

2. 규칙적인 두뇌트레이닝

1Week부터 52Week까지 1년 동안 주말을 제외한 5일 동안 매일 한 문제씩 풀어볼 수 있도록 구성되어 있습니다. 하루에 여러 문제를 풀거나 몰아서 문제를 푸는 것보다, 매일 매일 꾸준히 한 문제씩 풀어나가 보세요

3. 바로바로 찾아보는 정답

정답지와 문제를 왔다갔다하는 번거로움은 이제 그만! 문제 다음 페이지에 정답을 확인할 수 있도록 구성하였습니다. 바로바로 정답을 확인하세요.

From
1 Week

to
17Week

Day 001   괄호안의 내용 중 알맞은 말을 고르시오. `아시아`

기원전 3500년경 티그리스 강과 유프라테스 강 사이에서 발달한 문명은 (메소
포타미아 문명, 이집트 문명)이다.

Day 002   〈보기〉 중 중국 기록상에 나타난 최초의 왕조를 고
르시오. `아시아`

〈보기〉

상 왕조	주 왕조	하 왕조

Day 003   제자백가 중 무위자연을 주장하고, 중국 회화와 시 등 예술과 종교에 큰 영향을 미친 학파는 무엇일까요? `아시아`

1) 유가
2) 도가
3) 법가

Day 004   다음 중 중국 진시황제의 정책에 대한 설명으로 맞는 것을 고르시오. `아시아`

1) 진시황제는 화폐 · 도량형 · 문자를 통일하였다.

2) 진시황제는 흉노 토벌을 위해 장건을 대월지에 파견하였다.

3) 진시황제는 유가 사상을 통해 부국강병을 이루고 중국을 통일하였다.

Day 005   다음 중 〈보기〉의 단어와 연관된 종교는 무엇일까요? 아시아

〈보기〉

인간 평등 강조

윤리적 실천을 통한 해탈 추구

고타마 싯다르타 창시

1) 불교

2) 자이나교

Day 001 메소포타미아 문명

세계 4대 문명은 대략 기원전 3000년경 관개 농업에 유리한 큰 하천에서 시작되었습니다. 세계 4대 문명은 이후 여러 문명의 모태가 됩니다. 메소포타미아 문명은 서아시아의 지역에서, 이집트 문명은 나일 강 하류에서 시작되었습니다.

Day 002 하 왕조

하(夏) 왕조는 청동기 문화를 바탕으로 황허 강 중하류의 황토 지대를 중심으로 발전하였습니다. 왕조의 순서는 하 왕조–상 왕조–주 왕조입니다.

Day 003 2) 도가

유가는 가족 윤리 확립을 통한 사회 문제의 해결을 추구했고, 한나라 이후 중국 사상의 주류를 형성하게 됩니다. 법가는 군주의 권위 존중과 엄격한 법치 시행을 통해 부국강병을 추구했습니다.

Day 004 1) 진시황제는 화폐·도량형·문자를 통일하였다.

진시황제는 법가 사상을 바탕으로 부국강병을 이루고 춘추전국시대를 통일하였습니다. 통일 직후 여러 개로 나누어졌던 화폐·도량형·문자를 통일시키고, 흉노족의 남하를 막기 위해 만리장성을 축조하였습니다. 흉노를 토벌하기 위해 장건을 대월지로 파견한 것은 한나라 무제입니다.

Day 005 1) 불교

형식화된 브라만교의 제사와 브라만 중심의 사회가 비판하며 불교와 자이나교가 창시됩니다. 불교는 고타마 싯다르타가 윤리적 실천을 통한 해탈을 추구했던 반면, 자이나교는 엄격한 계율과 고행을 통한 해탈을 추구했습니다. 두 종교는 해탈하는 방법은 달랐지만, 오늘날까지 종교 활동이 이루어지고 있다는 공통점이 있습니다.

Day 001 다음의 〈보기〉에서 설명하고 있는 종교는 무엇일까요? 아시아

〈보기〉

세상을 선과 악의 신이 싸우는 장소로 보고,
인간은 선한 신의 은혜를 입어 최후의 심판 때
천국으로 갈 수 있다고 믿었다.
이후 유대교, 크리스트교, 이슬람교에 영향을 주었다.

1) 마니교
2) 조로아스터교

Day 002   〈보기〉의 용어를 통해 고대 그리스의 도시국가를 말하시오. 유럽

〈보기〉

도리아인	엄격한 군사훈련	300	헤일로타이

1) 테베
2) 델포이
3) 아테네
4) 스파르타

Day 003   고대 그리스 문화에 대한 설명이 맞으면 O, 틀리면 X를 써넣으시오. 유럽

1) 호메로스의 "일리아스"와 "오디세이아"가 그리스를 대표하는 문학작품이다.
   (   )
2) 헤로도토스의 "역사"는 그리스와 페르시아 전쟁을 서술하였다. (   )
3) 아리스토파네스는 그리스의 대표적인 비극 작가였다. (   )

Day 004 아래〈보기〉중 로마 삼두정치와 관련이 없는 인물을 골라보시오. 유럽

〈보기〉

카이사르	폼페이우스	크라수스	브루투스

Day 005   A.D. 313년 로마에서 크리스트교를 공인한 왕과 칙령이 옳게 연결된 것은 무엇일까요? 유럽

1) 디오클레티아누스 황제 – 낭트 칙령
2) 콘스탄티누스 황제 – 밀라노 칙령

정답

Day 001 2) 조로아스터교

마니교는 불교, 크리스트교, 조로아스터교로부터 영향을 받아, 현세를 부정하고 금욕과 영적 지식을 중시하였습니다. 조로아스터교가 세속화되어 가는 모습을 비판하며 대립하였습니다.

Day 002 4) 스파르타

고대 그리스 폴리스 중의 하나였던 스파르타는 소수의 도리스인이 원주민(헤일로타이)을 예속 농민으로 삼아 국가를 운영하였습니다. 모든 남자 시민에게 집단생활과 엄격한 군사 훈련을 시켰으며, 영화 '300'에서 페르시아 100만 대군을 막아내는 강인한 모습으로 비추어지기도 했습니다.

Day 003 1) O   2) O   3) X

고대 그리스는 합리적이고 인간 중심적인 문화를 특징으로 하고 있습니다. 문학에서는 호메로스의 "일리아스"와 "오디세이아"가 오늘날까지 전해지며, 영화와 연극으로도 재창조되고 있습니다. 역사에서는 그리스와 페르시아 전쟁을 서술한 헤로도토스와 펠로폰네소스 전쟁을 서술한 투키디데스가 유명합니다. 그리스는 희극보다 비극을 더 선호하였는데, 대표적인 비극 작가로 소포클레스가 있습니다..

Day 004 브루투스

로마 공화정 말기 3명의 실력자가 동맹하여 국가 권력을 독점하는 삼두 정치가 두 차례 실시되었습니다. 제1차는 카이사르, 폼페이우스, 크라수스가 로마 공화정을 이끌었습니다. 이후 카이사르가 나머지 둘을 제거하고 권력을 잡았으나, 브루투스에 의해 목숨을 잃으면서 제2차 삼두 정치가 시작됩니다.

Day 005 2) 콘스탄티누스 황제 – 밀라노 칙령

디오클레티아누스 황제는 전제 군주제를 도입하고 제국을 4분할 통치하였고, 낭트 칙령은 16세기 프랑스 앙리 4세가 신교파인 위그노에게 조건부 신앙의 자유를 허용한 것입니다.

Day 001   중국 위·진·남북조 시대에 대한 설명이 맞으면
O, 틀리면 X를 써넣으시오. 아시아

1) 남북조 시대는 한족의 북조와 선비족의 남조가 공존하던 시대를 말한다.
   (   )

2) 이 시기 강남은 농경 기술의 보급과 벼농사가 발달로 인구가 증가하였다.
   (   )

3) 한반도에는 고구려, 백제, 신라, 가야가 발전하고 있었다. (   )

Day 002   중국 당나라 태종 시기에 있었던 역사적 사건이 아닌 것은 무엇일까요? 아시아

1) 율령 체제 확립
2) 고구려 멸망

Day 003   주로 백색, 갈색, 녹색 등의 유약을 사용하여 만들어졌으며, 중국 당나라가 국제적이고 개방적인 성격임을 보여주는 도자기는 무엇일까요? 아시아

1) 당삼채
2) 상감청자

Day 004   중국의 4대 발명품 중 만들어진 시대가 다른 것은
무엇일까요? 아시아

1) 화약
2) 제지술
3) 나침반
4) 인쇄술

Day 005   〈보기〉를 읽고, 괄호안의 내용 중 알맞은 말을 고르시오. 아시아

〈보기〉

12세기 여진족이 세운 금나라는 자신들의 정통성을 지키고,
한족을 효과적으로 통치하기 위해 이원적 통치 체제를 시행하였다.
여진족의 군사 · 행정 조직을 (맹안모극제, 주현제)라 부른다.

Day 001 1) X 2) O 3) O

중국 위 · 진 · 남북조 시대 북쪽에서 5호(흉노, 선비, 저, 갈, 강)가 화북 지역을 차지하면서, 한족은 강남으로 쫓겨났습니다. 남쪽으로 이주한 한족이 강남을 개발하면서 경제력이 향상되고 인구가 증가하였습니다.

Day 002 2) 고구려 멸망

당 태종은 율령 제제를 확립하고 동돌궐을 정복하는 등 당나라를 동아시아 최강의 나라로 만들었습니다. 중국은 당 태종 시기를 '정관의 치'라 부르며 기억하고 있으나, 고구려를 무너뜨리지 못했습니다. 안시성에서 고구려에게 패배한 당 태종은 고구려 침공을 몹시 후회하였습니다.

Day 003 1) 당삼채

당삼채는 서역의 이국적인 면을 반영하여 만든 도자기로, 백색, 갈색, 녹색 등의 유약을 사용하여 만들었습니다. 당삼채는 무덤의 부장품 등으로 사용되었으며, 낙타를 타고 이동하는 서역인의 모습을 표현하는 등 이국적이고 귀족적인 면을 엿보게 합니다. 상감청자는 고려시대를 대표하는 도자기입니다.

Day 004 2) 제지술

화약, 나침반, 인쇄술은 중국 송나라 때 만들어진 발명품입니다. 제지술은 한나라 채륜이 종이 만드는 방법을 개량한 것입니다. 네 가지 발명품은 인류의 삶을 크게 변화시켰다는 의미로 중국의 4대 발명품이라 부릅니다.

Day 005 맹안모극제

맹안모극제는 금나라의 군사 · 행정 조직으로 300호를 1모극, 10모극을 1맹안으로 조직하였습니다. 1모극에서 100명을 선발하여 1모극군으로 하고, 10모극군으로 1맹안군을 편성하였습니다.

Day 001　다음 〈보기〉의 괄호안의 내용 중 알맞은 말을 고르시오. 아시아

〈보기〉

645년 일본에서는 당의 율령 체제를 도입하여

중앙 집권 체제를 수립하려는

(다이카 개신, 감합 무역)이 단행되었다.

Day 002　　베트남 쩐 왕조시기에 몽골과의 항쟁 과정에서 고양된 민족의식을 바탕으로 편찬된 책은 무엇일까요? `아시아`

1) 대월사기
2) 마하바라타

Day 003　　이슬람교의 성립에 대한 배경설명이 맞으면 O표, 틀리면 X표 하시오. 아시아

1) 알라가 우상 숭배를 배격하며 이슬람교를 성립시켰다. (　　　)

2) 6세기 이전 아라비아 반도는 오아시스를 중심으로 유목생활이 이루어졌다. (　　　)

3) 사산 왕조 페르시아와 비잔티움의 대립에서 메카와 메디나 등의 도시가 성장하였다. (　　　)

Day 004 〈보기〉를 읽고, 괄호 안에 들어갈 알맞은 말을 고르

시오. 아시아

〈보기〉

751년 이슬람의 아바스 왕조와 중국의 당 사이에서 벌어진

탈라스 전투에서 당의 (　　　) 만드는 기술자들이 포로로 잡혀

이슬람 세계도 (　　　)를 활용할 수 있게 되었다.

1) 면화
2) 종이
3) 화약

Day 005 　이슬람 사회의 특징에 대한 설명이 맞으면 O표, 틀리면 X표 하시오. 아시아

1) "쿠란"이 일상생활을 지배하는 종교 중심의 사회였다. (　　)
2) 돼지고기를 금지하는 식생활을 강조하였다. (　　)
3) "쿠란"에서는 여성에 대한 차별을 정당화하고 있다. (　　)

Day 001 다이카 개신

중국 명나라는 국가가 파견하는 사절단임을 증명하는 감합을 가진 선박에만 교역을 허락하였습니다. 무로마치 막부 시대에 명과 일본 사이에서 이루어진 조공 무역을 감합무역이라 부릅니다.

Day 002 1) 대월사기

'마하바라타'는 산스크리트어로 서술된 인도 굽타 왕조의 대표적인 서사시입니다. 북인도에서 등장하였다고 전해지는 바라타족의 두 집단 사이에서 벌어진 전쟁을 주요 내용으로 다루고 있습니다.

Day 003 1) X 2) O 3) O

오아시스를 중심으로 유목생활을 하던 아라비아 반도는 6세기 후반 사산 왕조 페르시아와 비잔티움의 전쟁에서 메카와 메디나와 같은 상업 도시가 발달합니다. 그러나 빈부 격차가 심화되면서 갈등이 고조되었고, 이때 무함마드가 인간 평등을 제시하며 유일신 알라를 숭배하는 이슬람교를 성립합니다.

Day 004 2) 종이

고구려 유민 장수 고선지가 이끄는 3만의 당나라 군대는 아바스 왕조와 전투를 벌였습니다. 당나라 군대는 투르크계 카를룩족이 배후에서 반란을 일으키며 패퇴했지만, 이 과정에서 종이 만드는 방법이 서구에 알려지며 인류의 역사를 크게 바꾸어놓습니다.

Day 005 1) O 2) O 3)X

"알라께서 말씀하셨다. 나는 남녀를 불문하고 너희가 행한 어떤 일도 헛되지 않게 할 것이다. 너희는 서로 동등하다."는 쿠란 문구를 통해 초창기 이슬람 사회는 여성을 남성과 동등한 존재로 규정하였음을 알 수 있습니다.

Day 001 〈보기〉를 읽고, 괄호 안의 내용 중 알맞은 말을 골라 O표 하시오. 아메리카

〈보기〉

(마야, 아스테카)문명은 멕시코고원 지대에서 발달하였으며
주요 도시로 테노치티틀란이 있다.
16세기 에스파냐의 코르테스가 침략하여 문명을 파괴하였다.

Day 002　　프랑크 왕국은 베르됭 조약과 메르센 조약으로 동프랑크, 서프랑크, 중프랑크로 분열되었다. 오늘날 프랑스의 기원이 되는 나라는 어디일까요? 유럽

1) 동프랑크
2) 서프랑크
3) 중프랑크

Day 003 봉건제의 주종제에 대한 설명이 맞으면 O표, 틀리면 X표 하시오. 유럽

1) 주군은 봉신에게 봉토를 수여하였다. (   )

2) 봉신은 주군에게 충성 서약 및 군사적 봉사를 맹세하였다. (   )

3) 주군은 봉신에게 재판권과 징세권을 행사할 수 있었다. (   )

4) 주군과 봉신은 쌍무적 계약 관계이었다. (   )

Day 004   〈보기〉를 읽고, 괄호 안에 들어갈 알맞은 말을 고르시오. 유럽

〈보기〉

비잔티움 제국은 옛 로마 제국 영토의 상당 부분을
회복하며 전성기를 누렸다.
서로마 제국 멸망 이후 약 (   )동안 지속되며
동유럽 문화 형성에 많은 영향을 미쳤다.

1) 500년간
2) 1,000년간

Day 005   십자군 전쟁 이후 서유럽의 변화에 대한 설명이 맞으면 O표, 틀리면 X표 하시오. 유럽

1) 교황권이 약화되고 왕권은 강화되었다. (   )

2) 지중해 교역이 발달하며 그리스 도시가 번영하였다. (   )

3) 이슬람 문화와 비잔티움의 문화가 유입되었다. (   )

Day 001   아스테카

마야 문명은 중앙아메리카 유카탄반도 일대에서 번영했으며, 주요 도시로 치첸이트사가 있다.

Day 002   2) 서프랑크

프랑크 왕국은 카롤루스 대제 사후 분할 상속에 따른 내분으로 삼등분으로 나누어졌습니다. 오늘날 서프랑크는 프랑스, 동프랑크는 독일, 중프랑크는 이탈리아의 기원이 되었습니다.

Day 003   1) O   2) O   3) X   4) O

중세 유럽은 봉건제 사회였습니다. 정치적으로 주종제의 형태를 가지고 있는데, 주군과 봉신은 쌍무적 계약 관계로 주군은 봉토를 수여하고, 봉신은 주군에게 충성 서약과 군사적 봉사를 제공하였습니다. 그러나 주군은 봉신의 영토에 재판권과 징세권을 행사할 수 없었습니다. 이를 불입권이라고 합니다.

Day 004   2) 1,000년간

비잔티움 제국은 서로마 제국 멸망 이후 약 1,000년간 지속되다가 오스만 제국의 공격으로 콘스탄티노플리스가 함락되면서 1453년 멸망하게 됩니다.

Day 005   1) O   2) X   3) O

십자군 전쟁 이후 지중해 교역이 발달하고 동방 교역이 활발해지면서 이탈리아의 베네치아 등 여러 도시가 번영을 누렸습니다.

6 Week

Day 001 〈보기〉를 읽고, 괄호 안의 내용 중 알맞은 말을 골라 O표 하시오. 유럽

〈보기〉

12~13세기 모직물 공업의 중심지인 플랑드르 지방과
프랑스 안의 영국령에 대한 지배권을 놓고 영국과 프랑스가 대립하던
상황에서 영국 왕이 프랑스의 왕위 계승권을 주장하면서
전쟁이 벌어졌다. 이 전쟁을 (백년 전쟁, 장미 전쟁)이라고 부른다.

〈보기〉

반원 세력을 규합해 원나라를 북쪽으로 몰아내고,

1368년 난징에 명나라를 건국하였다.

이로서 한족 왕조를 부활시키며, 조선에 사대관계를 요구하였다.

1) 홍무제

2) 순치제

〈보기〉

명나라 말기의 재상 장거정은 전국적인 토지 조사를 바탕으로
수십 가지에 달하던 세금을 통합하여 각 호의 토지와 인정 수에 따라
은으로 납부하게 하였다.

1) 일조편법
2) 지정은제

Day 004   일본의 전국 시대를 통일한 뒤, 1592년 조선을 침략하여 많은 이들을 괴롭힌 인물은 누구일까요? `아시아`

1) 도요토미 히데요시
2) 도쿠가와 이에야스

Day **005**   인도 타지마할에 대한 설명이 맞으면 O표, 틀리면 X표 하시오. `아시아`

1) 무굴제국 제5대 황제 샤자한이 왕비를 추모하기 위해 세운 묘당이다. (   )

2) 약 22년에 걸쳐 2만 명이 넘는 노동자들이 동원되었다. (   )

3) 이슬람 양식을 대표하는 건축물로 아라베스크 무늬, 돔 지붕을 보여준다.

    (   )

Day 001 백년 전쟁

백년간 지속된 영국과 프랑스의 전쟁이 끝나고 영국은 왕위 계승 분쟁이 벌어지면서 장미 전쟁(1455~1485)이 30년간 지속되었습니다. 그 결과 헨리 7세가 튜더 왕조를 개창하고 중앙 집권 체제의 토대를 마련하였습니다.

Day 002 1) 홍무제

순치제는 청나라 제3대 황제로 1644년 베이징에 입성하여 이자성의 농민군을 격퇴하였습니다. 이후 명나라의 정치 체제를 계승하며 만주족이 세운 청나라가 중국을 지배할 수 있는 기초를 마련하는데 힘을 쏟았습니다.

Day 003 1) 일조편법

지정은제는 정세(인두세)를 지세(토지세)에 포함시켜 은으로 징수하게 한 제도입니다. 청나라 강희제 때 인정 수를 고정시킨 뒤에 시행되었고, 옹정제 때에 이르러 전국으로 확대하였습니다. 그 결과 정세의 부담에서 벗어난 농민들은 장정 수를 속일 이유가 없어져 인구가 증가하게 됩니다.

Day 004 1) 도요토미 히데요시

도쿠가와 이에야스는 도요토미 히데요시가 죽은 후 일본을 재통일하였습니다. 이후 에도(현재 도쿄)에 1603년 막부를 설치하였습니다. 이 시기 쇼군은 중앙과 직할지를 이후에도 지배하고, 지방의 다이묘는 번이라고 불리는 영지에 대한 지배권을 인정받았습니다.

Day 005 1) O 2) O 3) X

타지마할은 무굴 제국 제5대 황제인 샤자한이 왕비를 위해 건설한 묘당으로 아그라 주변 30여 개 촌락의 조세로 이 건축물의 유지비용을 충당하였습니다. 힌두ㆍ이슬람 양식을 대표하는 건축물로 아라베스크 무늬, 돔 지붕, 아치형 입구와 첨탑 등은 이슬람 양식이며, 연꽃무늬 장식과 돔 지붕 좌우에 배치된 차도리(작은 탑)는 힌두 양식에 해당합니다.

Day 001   〈보기〉를 읽고, 괄호 안에 들어갈 알맞은 말을 쓰시오. 아시아

〈보기〉

음식의 맛과 향을 더해 주는 재료 혹은 양념을 가리킨다.

후추, 계피, 정향, 육두구 등이 있으며,

이를 (   )라 부른다.

1) 차

2) 곡물

3) 향신료

Day 002   〈보기〉를 읽고, 괄호 안에 들어갈 도시 이름을 쓰시
오. 아시아

〈보기〉

오스만 제국의 메흐메트 2세는 비잔티움제국의 수도
콘스탄티노폴리스를 점령하고 오스만 제국의 수도로 삼았습니다.
이후 콘스탄티노폴리스의 투르크족 발음인 '콘스탄티니예'라고 불리다가
터키 공화국이 수립되면서 공식적으로 (   )로 개칭되었다.

1) 이스탄불
2) 파묵칼레
3) 사프란볼루
4) 보아즈쿄이

Day 003   〈보기〉를 읽고, 괄호 안에 해당하는 인물이 바르게 연결된 것을 고르시오. 유럽

〈보기〉

마키아벨리는 (   )에서 군주는 목적 달성을 위해서는 수단과 방법을 가릴 필요가 없으며, 때로는 사자처럼 용맹하고 때로는 여우처럼 교활해야 한다고 주장하였다.

1) 데카메론
2) 군주론

Day 004   교황 레오 10세의 면벌부 판매에 대하여 1517년 '95개조 반박문'을 발표하며 신앙의 유일한 근거는 성서라고 주장한 인물은 누구일까요? 유럽

1) 루터
2) 칼뱅
3) 헨리8세

Day 005 신항로 개척이 이루어질 수 있었던 배경이 아닌 것은 무엇일까요? 유럽

1) 동양에 대한 호기심
2) 프레스터 존의 전설
3) 나침반의 사용
4) 셀주크 투르크의 중계 무역

Day 001 3) 향신료

유럽인들은 16세기 이후 향신료를 구하기 위해 동남아시아로 진출했습니다. 이 과정에 적극적으로 참여한 국가가 포르투갈 · 에스파냐 · 영국 · 네덜란드 등이 있습니다. 이후 중국과 일본 상인들도 향신료 교역에 참여하며 중국의 비단과 도자기, 인도산 면직물이 거래되었고, 아메리카와 일본산 은이 결제 수단으로 통용되었습니다.

Day 002 1) 이스탄불

이스탄불은 326년 로마 콘스탄티누스 황제에 의해 로마의 수도가 되었습니다. 이후 동 로마 제국의 수도로 1,000년 이상 번영을 누렸으나, 1453년 오스만 제국에 함락되면서 이슬람의 도시란 의미의 이스탄불이 되었습니다.

Day 003 2) 군주론

"데카메론"은 보카치오의 작품으로 이탈리아의 르네상스시기에 사회의 타락상과 인간 의 위선을 풍자하였습니다.

Day 004 1) 루터

프랑스 출신의 칼뱅은 스위스 제네바에서 예정설을 주장하며 근면하고 검소한 직업 생 활을 강조하며 종교 개혁을 추진하였습니다. 영국 왕이었던 헨리 8세는 자신의 이혼 문 제를 계기로 교황과 대립하면서 1534년 수장령을 통해 국왕이 영국 교회의 수장임을 선 포하고 로마 가톨릭과 분리하였습니다.

Day 005 4) 셀주크 투르크의 중계 무역

신항로 개척이 이루어질 수 있었던 배경에는 동방 어딘가에 크리스트교 왕국이 있다는 프레스터 존의 전설과 마르코 폴로의 "동방견문록"으로 호기심이 있습니다. 또한 동양 의 향신료와 차 등 수요는 늘어났지만 오스만 제국의 방해로 수입이 어려웠습니다. 이 런 가운데 나침반의 사용과 지리학 · 천문학 · 조선술 등 원양 항해를 가능하게 한 기술 의 발달이 있었습니다.

Day 001   〈보기〉를 읽고, 괄호 안의 내용 중 알맞은 말을 골라 O표 하시오. 유럽

〈보기〉

16세기 서유럽에서는 절대 왕정 시대가 시작되었다.

그중에서도 (프랑스, 에스파냐)의 펠리페 2세는 레판토 해전에서

오스만 제국을 격파하면서 포르투갈을 병합하였다.

Day 002 〈보기〉를 읽고, 괄호 안에 들어갈 알맞은 말을 고르시오. 유럽

〈보기〉

16~17세기에 유럽에서는 과학의 발전과 세계관의 변화가 나타났다.
신 중심의 사고에서 벗어나 이성으로 세계를 파악하고 설명하는데
천문학의 발전은 큰 영향을 미쳤다.
특히 케플러는 (   )의 운동을 통해 지동설을 주장하였다.

1) 수성

2) 금성

3) 화성

4) 토성

〈보기〉

인간은 자연 상태에서 자유롭고 평등하지만 오직 본능에 따르기 때문에

개인의 자유와 재산을 보장할 수 없으므로 사회 계약을 맺는다.

계약을 통해 구성된 국가의 주권은 전체로서의 인민에 있으며,

주권은 공공의 복리를 지향하는 초개인적 의사인 일반 의지의 작용이다.

– "사회 계약론"

1) 로크

2) 루소

3) 홉스

Day 004　　〈보기〉를 읽고, 괄호 안의 내용 중 알맞은 말을 골라 O표 하시오. 유럽

〈보기〉

영국의 청교도 혁명은 (찰스1세, 루이14세)가 청교도를 박해하고, 스코틀랜드 반란 진압 비용을 마련하는 과정에서 (찰스2세, 크롬웰)이 이끄는 의회파와 무력 충돌이 발생하며 시작되었다.

Day 005 〈보기〉를 읽고, 괄호 안에 들어갈 지명을 고르시오.

유럽

〈보기〉

18세기 영국의 중상주의 정책으로 미국에 각종 세금을 부여하였다.

이에 미국인들은 납세 거부 운동을 전개하면서

(   ) 차 사건을 일으켰다.

1) 뉴욕

2) 휴스턴

3) 워싱턴

4) 보스턴

Day 001 에스파냐

에스파냐의 펠리페 2세는 포르투갈 국왕이 전사한 틈을 타서 1580년 포르투갈을 병합하였습니다. 이후 포르투갈은 60년간 에스파냐의 지배하에 있다가 1640년 프랑스와 영국의 도움으로 독립할 수 있게 됩니다.

Day 002 3) 화성

케플러는 화성의 운동이 태양을 중심으로 한 타원 운동임을 밝히며 지동설을 수정 · 발전시켰습니다.

Day 003 2) 루소

홉스는 사회 혼란을 막기 위해서는 강력한 권력이 필요하다고 보고 사회 계약을 통해 개인의 권리를 군주에게 양도하였다고 설명하였습니다. 로크는 개인이 자신의 자연권을 보호하기 위해 개인의 권리를 국가에 위탁하였다고 주장했습니다. 루소는 여기서 더 나아가 일반 의지와 인민 주권 개념을 내세우면서 인민에 의한 직접 통치를 주장하였습니다.

Day 004 찰스1세, 크롬웰

찰스 1세는 의회의 승인 없이 과세하고 청교도를 박해하였습니다. 이후 의회를 해산하고 전제정치를 강화시키다 크롬웰이 이끄는 의회파에 의해 처형당했습니다. 루이 14세는 프랑스의 절대 군주입니다.

크롬웰은 젠트리 출신의 청교도인으로 1628년 하원에 진출했다가, 의회 해산으로 낙향했습니다. 이후 1640년 다시 하원의원이 된 그는 의회파 지도자로서 철기군을 이끌고 찰스 1세를 죽이고 공화정을 수립하였습니다.

Day 005 4) 보스턴

보스턴 차 사건은 미국 식민지인들이 인디언으로 변장하고 보스턴 항구에 정박 중인 영국 동인도 회사의 선박을 습격하여 차 상자를 바다에 던져 버린 사건입니다. 이 사건을 계기로 본영국과 미국 간의 긴장이 고조되면서 미국 독립 혁명이 시작됩니다.

Day 001   프랑스 혁명 당시 제3신분 대표들의 '테니스코트 서약'을 탄압하자, 시민들이 저항의 의미로 점령한 장소는 어디일까요? 유럽

1) 바스티유 감옥
2) 에펠탑

Day 002　　나폴레옹이 대륙봉쇄령을 어긴 러시아 원정에서 큰 패배를 당한다. 러시아 원정이 실패한 가장 큰 요인은 무엇일까요? 유럽

1) 러시아의 강력한 육군
2) 러시아의 최강 발틱함대
3) 러시아의 혹독한 추위

Day 003   나폴레옹 몰락 이후 만들어진 신성 동맹에 속하지 않은 나라는 어디일까요? 유럽

1) 영국
2) 러시아
3) 프로이센
4) 오스트리아

Day 004   빌헬름 1세에 의해 프로이센의 재상으로 임명되어 철혈정책으로 독일을 통일시킨 인물은 누구일까요? 유럽

1) 카보우르
2) 비스마르크

Day 005　　다음 〈보기〉 중에 미국 남북전쟁 당시 북부와 남부를 올바르게 비교한 것을 고르시오. `아메리카`

〈보기〉

미국 북부는 (연방주의, 분권주의) 국가 체제를 주장하며,
경제적으로 (보호 무역, 자유 무역)을 강조하였다.
특히 노예제에 대하여 (찬성, 반대)하는 입장을 표명하였다.

1) 연방주의 – 보호 무역 – 반대

2) 연방주의 – 자유 무역 – 찬성

3) 분권주의 – 보호 무역 – 찬성

4) 분권주의 – 자유 무역 – 반대

정답

Day 001 1) 바스티유 감옥

바스티유 감옥은 샤를 5세의 명령으로 축조되기 시작하여 1383년에 완성된 성채로, 파리 동쪽을 지키는 요새였습니다. 루이 11세 이후에 감옥으로 활용되었는데, 혁명 당시에는 망루에 설치된 포대가 파리를 위협하고 있었습니다.

Day 002 3) 러시아의 혹독한 추위

러시아는 나폴레옹의 군대에 맞서 초창기 계속되는 패배로 큰 위기에 처하였습니다. 그러나 러시아는 넓은 영토를 무기로 삼아 후퇴 전술과 기습 작전을 통해 나폴레옹 군대를 괴롭혔습니다. 전쟁이 길어져 겨울이 다가오자 나폴레옹 군대는 추위와 굶주림으로 러시아로부터 퇴각할 수밖에 없었습니다.

Day 003 1) 영국

영국은 4국 동맹을 통해 나폴레옹 이전으로 돌아가려는 빈 체제를 유지하고자 했습니다.

Day 004 2) 비스마르크

카보우르는 사르데냐 왕국의 재상으로 오스트리아의 간섭을 막고 이탈리아 통일에 기여하였습니다. 비스마르크는 군제 개혁을 단행하고 군사력을 강화하여 오스트리아와 프랑스를 전쟁에서 승리한 후 독일을 통일시켰습니다.

Day 005 1) 연방주의 – 보호 무역 – 반대

상공업이 발달한 미국 북부는 연방주의 국가 체제를 통해 보호 무역을 찬성하고 노예제는 반대하였습니다.

Day 001 산업 혁명에 중대한 역할을 했던 증기 기관을 개량한 사람은 누구일까요? 유럽

1) 다윈
2) 제임스 와트

Day 002 제국주의 시대 아프리카에서 영국의 종단 정책과 프랑스의 횡단 정책이 부딪히며 발생한 사건을 무엇일까요? 유럽

1) 모로코 사건
2) 파쇼다 사건

Day 003   서구 열강이 아시아로 진출하며 일어난 사건에 대한 설명이 맞으면 O표, 틀리면 X표 하시오. 유럽

1) 영국은 캄보디아를 식민지로 지배하였다. (   )
2) 네덜란드는 보르네오 섬을 식민지로 지배하였다. (   )
3) 에스파냐는 마젤란의 항로 개척 이후 필리핀을 식민지로 지배하였다. (   )

Day 004   청·일 전쟁에서 패배한 청나라가 일본에게 타이완을 할양하고 막대한 배상금을 지불한 조약의 이름은 무엇일까요? 아시아

1) 톈진 조약
2) 시모노세키 조약

Day **005**

〈보기〉를 읽고, 괄호 안에 들어갈 말을 쓰시오.

아시아

〈보기〉

1856년 무역 적자를 만회하고자 하는 영국이
청 관리가 영국의 국기를 모독했다는 (   ) 사건을 이유로
제2차 아편 전쟁을 일으켰다.

1) 애로호

2) 선교사 살해

Day 001 2)제임스 와트
다윈은 "생존에 적합한 종은 생존 경쟁에서 살아남게 되고 부적합한 종은 멸종한다. 인간도 이러한 자연의 법칙에 따라 진화하여 오늘의 모습에 이르렀다"라며 진화론을 주장한 학자입니다.

Day 002 2) 파쇼다 사건
모로코 사건은 북아프리카에 위치한 모로코를 둘러싸고 프랑스와 독일이 두 차례 대립하였던 사건입니다. 1차 때에는 국제회의에서 영국의 지지를 받은 프랑스가 모로코 진출을 인정받았습니다. 2차 때에도 양국이 군사적 충돌 직전까지 갔으나, 이때도 영국과 결속한 프랑스가 모로코 보호권을 인정받았습니다.

Day 003 1) X   2) O   3) O
캄보디아는 베트남과 합쳐져 프랑스령 인도차이나 연방으로 수립되어 식민통치를 받았습니다.

Day 004 2) 시모노세키 조약
텐진 조약은 제2차 아편전쟁에서 패배한 청나라가 맺은 조약으로 베이징에 외교관 주재, 10개 개항장 추가, 크리스트교 포교의 자유 인정 등을 규정하고 있습니다.

Day 005 1) 애로호
청 정부에서 밀수와 해적 혐의가 있는 중국인 선원을 체포하기 위해 애로호를 조사하고 관련자를 연행하였습니다. 이때 청 관리가 영국의 국기를 끌어내려 모독했다는 이유로 영국은 사과와 무역 확대를 요구하였습니다. 이 사건을 애로호 사건이라 부릅니다.

Day 001 〈보기〉를 읽고, 괄호 안에 들어갈 알맞은 말을 고르시오. 아시아

〈보기〉

사쓰마번과 조슈번을 중심으로 막부 타도 운동이 전개되며, 왕정복고가 이루어져 1869년 메이지 정부가 수립되었다.

이로서 (무로마치, 에도) 막부는 붕괴되었다.

Day 002   〈보기〉를 읽고, 괄호 안에 들어갈 알맞은 말을 고르

시오. 아시아

〈보기〉

일본은 개항 이후 정한론을 주장하며 운요호 사건을 일으켜

(   )과 불평등한 강화도 조약을 맺는다.

1) 청
2) 류큐
3) 조선
4) 러시아

Day 003   18세기 이후 인도와 관련된 것이 아닌 것은 무엇일까요? 아시아

1) 무굴
2) 뱅골
3) 짜끄리 왕조
4) 플라시 전투

Day 004   〈보기〉를 읽고, 괄호 안에 들어갈 알맞은 말을 고르시오. 아시아

〈보기〉

이란은 영국의 이권 침탈에 맞서
(   ) 이권 수호 운동을 전개하였다.

1) 술
2) 담배
3) 소금

Day 005 〈보기〉의 내용을 주장한 미국의 대통령은 누구일
까요? 아메리카

〈보기〉

1823년 미국 대통령은 아메리카 대륙에 대한 유럽의 간섭을
배격한다고 주장하였다. 이로서 유럽과 아메리카를 분리시키고,
미국의 영향력을 크게 확대하려고 했다.
이 대통령의 이름을 따서 (   )선언이라고 한다.

1) 먼로
2) 링컨
3) 닉슨

Day 001 에도
무로마치 막부는 14세기 전반 아시카가 다카우지가 교토에서 개창하였습니다. 명과 감합 무역을 실시하며 안정을 취했으나, 15세기 후반 쇼군의 후계자를 둘러싼 분쟁으로 붕괴되며 전국 시대가 시작됩니다.

Day 002 3) 조선
정한론은 일본 정계 일부에서 주장한 조선 정벌론입니다. 당시 내정 개혁을 우선시한 세력의 반대로 정한론은 수용되지 않았으나, 얼마 뒤 일본은 운요호 사건을 일으키고 강화도 조약을 체결합니다.

Day 003 3) 짜끄리 왕조
인도의 무굴제국은 17세기 말 이후 재정이 파탄 나고, 지방 세력의 반란으로 국력이 쇠퇴하였습니다. 이런 가운데 영국이 플라시 전투(1757)를 통해 벵골 지역의 통치권을 장악하며 인도 무역을 장악합니다. 짜끄리 왕조는 태국의 왕조로 적극적인 근대화 정책으로 동남아시아에서 유일하게 독립을 유지시켰습니다.

Day 004 2) 담배
영국이 이란의 담배 독점권을 획득하자 아프가니가 담배 독점권 반환을 주장하였습니다. 또한 이란의 상인과 이슬람교 지도자들도 담배 이권 수호 운동을 전개하였습니다. 하지만 경제 종속화를 끝내는 막아내지 못합니다.

Day 005 1) 먼로
먼로 선언은 아메리카는 유럽 열강의 문제에 개입하지 않겠다고 선언했습니다. 대신 유럽 열강도 아메리카 대륙에서 더 이상 식민지를 건설하려 하거나, 미국과 멕시코 등 주권 국가에 간섭하지 말 것을 주장하였습니다.

Day 001 제1차 세계 대전의 배경이 되는 사라예보 사건에 대한 설명이 맞으면 O표, 틀리면 X표 하시오. 유럽

1) 오스트리아–헝가리 제국이 보스니아 헤르체고비나를 자국에 영토에 편입하자 세르비아는 반발했다. (   )

2) 사라예보 사건은 세르비아 청년이 사라예보를 방문한 오스트리아–헝가리 황태자 부부를 암살한 사건이다. (   )

3) 사라예보 사건은 세르비아가 오스트리아–헝라기 제국에 선전 포고를 한 것이다. (   )

Day 002　　제1차 세계 대전 중에 니콜라이 2세를 퇴위시키고
소비에트 정부를 수립한 러시아 혁명 년도를 고르시오. 유럽

1) 1914년
2) 1917년
3) 1919년

Day 003   〈보기〉를 읽고, 괄호 안에 들어갈 알맞은 말을 고르시오. 아시아

〈보기〉

(   )은 1931년 루이진에 소비에트 임시 정부 수립하자
장제스와 국민당의 공격을 받게 된다.
공격을 이겨내지 못한 (   )은 옌안으로 대장정을 단행하였다.

1) 쑨원
2) 마오쩌둥

Day **004**   〈보기〉의 괄호 안의 인물은 누구일까요? 아시아

〈보기〉

베트남의 독립운동가로 프랑스의 차별 폐지를 요구하며,

1930년 베트남 공산당을 조직하였다.

그는 동포들에게 (호아저씨)라 불리었다.

1) 호찌민

2) 판보이쩌우

Day 005   제2차 세계 대전은 독일이 어느 나라를 침공하면서 시작되었을까요? 유럽

1) 소련
2) 벨기에
3) 덴마크
4) 폴란드

Day 001 1) O   2) O   3) X

오스트리아-헝가리 제국이 보스니아 헤르체고비나를 자국의 영토에 편입시킨 것에 반발한 세르비아의 한 청년이 1914년 6월 28일 보스니아의 사라예보를 방문한 오스트리아-헝가리 제국의 황태자 부부를 암살한 것이 발단이 되어 제1차 세계대전이 발발합니다.

Day 002 2) 1917년

1914년은 제1차 세계 대전이 발발한 년도입니다. 제1차 세계 대전으로 물자 부족과 물가 상승, 그리고 거듭된 패전으로 사기 저하된 러시아에서 1917년 혁명이 일어나 사회주의를 지향하는 소비에트 정부가 수립되었습니다. 1919년은 제1차 세계 대전 전후 처리를 위한 파리 강화 회의가 열린 해입니다.

Day 003 2) 마오쩌둥

마오쩌둥은 공산당을 이끌며 장제스와 일제에 맞섰으나, 제1차 국·공 합작이 붕괴되면서 옌안으로 대장정을 시작하였습니다. 이후 농민들의 마음을 얻은 마오쩌둥은 장제스와의 내전에 승리하고 중화인민공화국 정부를 수립하였습니다.

Day 004 1) 호찌민

판보이쩌우(1867~1940)는 베트남의 독립을 이루기 위해 노력했던 지도자였습니다. 그는 유신회를 결성하고, 베트남 청년들을 일본에 유학시켜 인재를 육성하겠다는 동유운동을 장려하였습니다.

Day 005 4) 폴란드

독일은 대공황 이후 히틀러가 이끄는 나치당이 전체주의를 내세우며 정권을 장악하였습니다. 히틀러는 독일 민족이 국제주의, 국제 연맹 등으로부터 해방되어야 한다고 주장하며 1939년 9월 폴란드를 침공하였습니다. 이에 영국과 프랑스가 대독 선전 포고를 하며 제2차 세계 대전이 발발하였습니다.

Day 001　　〈보기〉에 들어갈 지명을 고르시오. 유럽

〈보기〉

냉전 체제에서 자유 민주주의 진영과 공산주의 진영 간의 대립이
격화되었다. 그중에서도 독일의 (　　　　　) 봉쇄는
세계인들에게 큰 충격으로 다가왔다.

1) 베를린
2) 함부르크
3) 분데스리가

Day 002　　자유 민주주의와 공산주의 어느 진영에도 속하지 않는 제 3세계 국가가 아닌 곳은 어디일까요? `아시아`

1) 인도
2) 중국
3) 일본

Day 003　　중국 덩샤오핑이 개혁 · 개방 정책을 추진하면서
현대화를 추진한 4개 분야가 아닌 것은 무엇일까요? 아시아

1) 농업
2) 공업
3) 국방
4) 수산업

Day 004 동남아시아 국가 연합(ASEAN)에 처음부터 참여한 나라는 어디일까요? 아시아

1) 베트남
2) 필리핀
3) 라오스
4) 미얀마

Day 005   〈보기〉를 읽고, 괄호 안에 들어갈 신으로 올바른 것을 고르시오. 아프리카

〈보기〉

이집트 문명에서는 왕을 (   ) '라'의 아들 '파라오'라 불렀다.

1) 태양의 신
2) 달의 신
3) 천둥의 신
4) 바다의 신

Day 001 1) 베를린

독일의 수도였던 베를린 분할 점령 이후 미국 · 영국 · 프랑스 등 서방 국가들의 1948년 새로운 통화 제도를 도입하자, 소련이 이에 반발하여 서베를린으로 통하는 도로와 철로를 봉쇄한 사건입니다. 베를린 봉쇄는 냉전 체제의 참상을 보여주는 대표적 사건입니다.

Day 002 3) 일본

제3 세계는 중국의 저우언라이와 인도의 네루가 1954년 평화 5원칙을 발표하며 발전하였습니다. 1955년에는 인도네시아 반둥에서 열린 회의에서 아시아 · 아프리카 신생 독립국 29개국 대표가 모여 '평화 10원칙'을 발표하며 비동맹 국가들의 결속을 강화하였습니다. 제 3세계는 냉전의 완화와 다극화에 기여했습니다.

Day 003 4) 수산업

마오쩌둥 사후 권력을 장악한 덩샤오핑은 농업, 공업, 국방, 과학 기술의 4개 분야에서 현대화를 추진하였습니다. 동남해안 지역에 경제특구와 경제 개방구를 설치하는 등 자본주의적 시장 경제 체제 일부를 도입하며 변화를 이끌었습니다.

Day 004 2) 필리핀

1967년 창설된 동남아시아 국가 연합(ASEAN)에는 태국, 필리핀, 싱가포르, 말레이시아, 인도네시아 5개국이 상호 협력을 통해 경제, 사회, 문화 등 각 분야의 기반을 확립하고, 평화와 안정을 구축하기 위해 참여하였습니다. 이후 브루나이, 베트남, 미얀마, 라오스, 캄보디아 5개국이 추가로 가입하였습니다.

Day 005 1) 태양의 신

고대 이집트 문명에서는 왕을 '파라오'라 부르며 태양신 '라'의 아들로 여겼습니다. 파라오는 살아 있는 신으로 여겨져 종교적 권위의 바탕 위에 절대적인 권력을 행사하며 신권 정치를 펼쳤습니다.

Day 001 보기를 읽고, 괄호 안의 내용 중 알맞은 말을 골라
O표 하시오. 아시아

〈보기〉

중국 상나라는 국가 중대사를 점을 통해
하늘에 물어보고, (거북이 등딱지, 거북이 배딱지)에
점괘의 내용을 갑골문으로 기록하였다.

Day 002   〈보기〉와 관련된 인물은 누구일까요? 아시아

〈보기〉

> 한 무제가 올바른 정치를 위한 대책을 구하자,
> (   )이 제자백가 중 오로지 유가만이 대안이 될 수 있다고
> 주장하였다. 이에 무제는 오경박사를 설치하도록 명령하였다.

1) 공자

2) 맹자

3) 순자

4) 동중서

Day 003   기원전 4세기 대륙과 한반도에서 벼농사와 청동기, 철기가 전파되어 시작된 시기는 언제일까요? 아시아

1) 야요이 시대

2) 야마타이국

Day 004   인도의 우파니샤드 철학에 대한 설명이 맞으면 O표, 틀리면 X표 하시오. 아시아

1) 우주의 본체를 브라만과 인간의 본체 아트만이 동일하다고 보았다. (   )
2) 인간이 아닌 신에 주목하였다. (   )
3) 인간은 수행을 통해 윤회의 속박에서 해탈할 수 있다고 보았다. (   )

Day 005   석가모니가 탄생한 지역은 어디일까요? 아시아

1) 룸비니
2) 부다가야
3) 사르나트

Day 001 거북이 배딱지

중국 상나라는 나라의 중요한 일을 신의 뜻을 묻는 점을 쳐서 결정하는 신권정치를 벌였습니다. 점의 내용과 결과를 갑골문으로 기록하였는데 주로 거북의 배딱지나 소의 어깨뼈 등에 새겼습니다.

Day 002 4) 동중서

공자는 인과 예를 중심으로 한 도덕 정치를 주장하는 유가를 만들었습니다. 맹자는 사람의 본성이 착하다는 '성선설'을 주장하였고, 순자는 사람의 본성이 악하다는 '성악설'을 주장한 유학자입니다.

Day 003 1) 야요이 시대

일본의 기원전 4세기경부터 기원 후 3세기경까지를 가리키는 용어로, '야요이'라는 명칭은 관련 유물인 토기가 처음 발견된 도쿄의 한 지명에서 유래하였습니다. 야마타이국은 3세기경 형성된 30여 소국 연합체에서 가장 강했던 나라입니다.

Day 004 1) O 2) X 3) O

기원전 7세기 무렵 형식화된 브라만교의 제사 의식에 반대하고 브라만 중심의 사회를 비판하는 과정에서 우파니샤드 철학이 등장하였습니다. 우파니샤드 철학은 불교와 자이나교 출현에 큰 영향을 미칩니다.

Day 005 1) 룸비니

룸비니는 출산을 위해 친정으로 향하던 마야 부인이 석가모니를 낳은 장소입니다. 부다가야는 석가모니가 보리수 아래에서 깨달음을 얻은 장소이며, 사르나트는 석가모니가 최초의 설법을 펼친 곳입니다.

Day 001 초창기 불교도들이 부처로 표현한 것이 아닌 것은
무엇일까요? 아시아

1) 연꽃

2) 보리수

3) 무궁화

4) 수레바퀴

Day 002   티그리스 강 중류의 작은 도시 국가에서 출발하여
서아시아를 최초로 통일한 나라는 어디일까요? 아시아

1) 메디아
2) 아시리아

Day 003 〈보기〉의 설명을 읽고, 괄호 안에 알맞은 말을 고르시오. 아시아

〈보기〉

사산 왕조 페르시아의 샤푸르 1세는 260년
(   ) 발레리아누스 황제를 포로로 잡아 감옥에 가두며
서아시아의 강자로 자리 잡았다.

1) 로마
2) 아테네

Day 004　　〈보기〉의 설명을 읽고, 괄호 안에 알맞은 말을 고르시오. 유럽

〈보기〉

고대 그리스인은 정치적이고 독립적인 폴리스 단위로 생활했지만,
스스로를 '헬레네스'라 부르며 (　　　　)년 마다
올림피아 제전을 개최하였다.

1) 3년

2) 4년

3) 5년

Day 005   〈보기〉를 읽고, 괄호 안의 내용 중 알맞은 말을 골라 O표 하시오. 유럽

〈보기〉

> 고대 그리스 아테네는 비합법적으로 권력을 장악한
> 독재적 통치자인 참주가 될 위험이 있는 인물을 도기 조각에 적어
> (6천표, 8천표) 이상이 나오면
> (10년, 20년) 동안 외국으로 추방하였다.

Day 001 3) 무궁화
초기 불교도들은 부처의 모습을 조각하는 것을 불경스럽다고 여겼습니다. 그래서 연꽃, 보리수, 수레바퀴로 부처를 표현하였습니다.

Day 002 2) 아시리아
아시리아는 기마 전술과 철제 무기를 앞세워 서아시아를 최초로 통일하였습니다. 아시리아는 정복지에 총독을 파견하여 중앙 집권 통치를 실시하였으나, 피지배 민족에 대한 강압적인 통치로 얼마가지 못하고 멸망하였습니다. 메디아는 아시리아 멸망 후 생겨난 국가입니다.

Day 003 1) 로마
사산 왕조 페르시아의 샤푸르 1세는 260년 에데사 전투에서 승리하면 발레리아누스를 포로로 잡아 감옥에서 일생을 마치게 하였습니다. 이후 스스로를 페르시아 지역 밖에서도 '왕 중 왕'이라고 칭하였습니다.

Day 004 2) 4년
올림피아 제전은 고대 그리스인이 제우스 신에게 바치는 제전으로 각 폴리스의 시민들은 4년마다 올림피아에 모여 연설, 시 낭송, 5종 경기, 경마, 전차 경기 등 종교 · 예술 · 군사 훈련 등을 함께하며 그리스 인의 단결을 다졌습니다.

Day 005 6천표, 10년
기원전 6세기 말에 참주정을 수습한 클레이스테네스는 종래의 혈연 중심의 부족제를 거주지 중심의 부족제로 개편하고, 500인 평의회를 설치하였습니다. 또한 도편 추방제를 마련하여 참주의 등장을 막고자 했습니다.

Day 001 〈보기〉를 읽고, 괄호 안에 들어갈 알맞은 말을 고르시오. 유럽

〈보기〉

로마 (　　　　　　) 황제는 크리스트교를 공인하고
수도를 콘스탄티노폴리스로 옮겨 제국을 부흥하려 노력하였다.

1) 콘스탄티누스
2) 테오도시우스

Day 002   예수의 가르침과 제자들의 활동상을 담은 성경을
무엇이라 하는가? 유럽

1) 구약성서
2) 신약성서

Day 003   로마 문화에 대한 설명이 맞으면 O표, 틀리면 X표 하시오. 유럽

1) 콜로세움은 5만 명의 관중을 수용할 수 있었다. (   )

2) 과학에서 프톨레마이오스가 지동설을 주장하였다. (   )

3) 정복지 곳곳에 계획도시를 세우고, 도시를 잇는 도로를 건설하였다. (   )

Day 004 〈보기〉를 읽고, 괄호 안에 들어갈 알맞은 지역을 고르시오. 아시아

〈보기〉

기원 전후 무렵부터 이집트 상인들이 인도양의 계절풍을 이용하여 교역을 시작하였다. 로마 상인들도 이 길을 따라 비단과 면포, 향신료 등을 찾아 인도와 동남아시아까지 찾아왔다. 이 (   )은 가장 최근까지 동서를 연결하며 번성하였다.

1) 바닷길
2) 비단길
3) 초원길

Day 005   〈보기〉를 읽고, 괄호 안에 들어갈 알맞은 말을 고르시오. 유럽

〈보기〉

제3차 그리스 · 페르시아 전쟁 중 아테네 함대를 주력으로 한
그리스 연합군은 페르시아군을 좁은 해협으로 끌어들여 크게 격파하였다.
이 (   )으로 페리클레스는 아테네의 민주정치를
발전시킬 수 있는 경제적 기반을 마련하게 된다.

1) 이소스 전투
2) 살라미스 해전

정답

Day 001 1) 콘스탄티누스
테오도시우스 황제는 분열되었던 로마 제국을 394년 재통일하였습니다. 크리스트교를 국교로 삼았으며 삼위일체를 주장하는 아타나시우스파를 정통으로 인정하였습니다.

Day 002 2) 신약성서
구약성서는 예수 탄생 이전의 하나님의 계시를 기록한 책입니다.

Day 003 1) O   2) X   3) O
프톨레마이오스는 천동설을 주장하였습니다.

Day 004 1) 바닷길
초원길은 유라시아 대륙을 가로지르는 교역로로, 스키타이인은 이 길을 통해 유라시아 대륙에 청동기 문화를 전하였습니다. 비단길은 중국 장안에서 중앙아시아를 가로질러 지중해에 이르는 길로 중국의 비단과 차가 유럽에 전파되었습니다.

Day 005 2) 살라미스 해전
이소스 전투는 마케도니아 알렉산드로스의 군대가 페르시아 다리우스 3세의 군대를 맞아 큰 승리를 거두고, 다리우스 3세의 가족을 포로로 사로잡은 전투입니다.

Day 001   〈보기〉를 읽고, 괄호 안에 들어갈 알맞은 말을 고르시오. 아시아

〈보기〉

마우리아 왕조의 아소카 왕은 (   )에서 승리한 후
남쪽 일부를 제외한 인도 전역을 지배한다. 그러나 이 전투에서 발생한
많은 희생에 가책을 느낀 아소카 왕은 불교 전파에 힘을 쏟았다.

1) 해하 전투
2) 칼링가 전투

Day 002   균전제에 따라 국가로부터 토지를 지급받은 농민에게 병역 의무를 지게 하는 제도를 무엇이라 할까요? 아시아

1) 모병제
2) 부병제

Day 003   당나라 시대 신라 장보고가 세운 법화원에 머물며 도움을 받았던 일본인은 누구일까요? 아시아

1) 엔닌
2) 아베노 나카마로

Day 004 당나라 과거시험 면접에서 평가하지 않은 항목은 무엇일까요? 아시아

1) 외모
2) 말솜씨
3) 판단력
4) 족보

Day 005 군사력이 약했던 송나라를 공격하여 세폐를 받지 않은 나라는 어디일까? 아시아

1) 요
2) 금
3) 고려
4) 서하

Day 001 2) 칼링가 전투

해하 전투에서 초나라의 항우는 한나라의 유방에게 패배한 최후의 전투입니다. 이 당시 유방의 사령관 한신이 초나라 출신 병사들에게 고향 노래를 부르도록 하여 승리하였다고 합니다. 여기서 나온 사자성어가 '사면초가(四面楚歌)'입니다.

Day 002 2) 부병제

모병제는 강제 징병하지 않고, 본인의 지원에 의한 직업군인들을 모병하여 군대를 유지하는 병역 제도를 말합니다.

Day 003 1) 엔닌

중국 당나라는 외국인을 대상으로 빈공과를 실시하여 관리로 등용하였습니다. 일본에서는 아베노 나카마로가 안남도호부의 도호를 역임하였습니다.

Day 004 4) 족보

당의 과거제에서는 실제 관직을 수여받으려면 이부에서 관장하는 면접 중심의 시험을 거쳐야 했습니다. 면접에서는 외모, 말솜씨, 글씨, 판단력을 기준으로 평가했습니다. 아무래도 명문가의 응시자가 좋은 성적을 받기 쉬웠습니다.

Day 005 3) 고려

송나라는 주변국들과 화친을 맺고 평화를 얻는 대가로 많은 세폐를 납부하였습니다. 요와 금 그리고 서하 등 주변국들에게 세폐를 바쳤으나 고려의 경우는 영토가 맞닿아있지 않아 외교적 협력관계를 통해 북방민족을 견제하였습니다.

From 18Week

to
34Week

Day 001　〈보기〉를 읽고, 괄호 안의 내용 중 알맞은 말을 골라 O표 하시오. 아시아

〈보기〉

아시아와 유럽에 걸친 제국을 건설한 몽골은 원활한 통치를 위해

(40km, 100km)마다 역참을 설치하였다.

Day 002   인도의 "마누 법전"에서 창조주가 백성을 보호하고 다스릴 것을 명령한 신분은 무엇일까요? 아시아

1) 브라만
2) 크샤트리아
3) 바이샤
4) 수드라

Day 003   인도에서 발생한 종교가 아닌 것은 무엇일까요? 아시아

1) 불교
2) 대종교
3) 힌두교
4) 시크교

Day 004 〈보기〉를 읽고, 괄호 안의 내용 중 알맞은 말을 골라 O표 하시오. <mark>아시아</mark>

〈보기〉

> 인도는 1세기경 (0, 10)진법과 유사한 체계가 만들어졌고,
> 5세기에는 (0, 10)의 개념을 사용한 연구 기록이 등장하였다.

Day 005   12세기에 힌두교 비슈누를 섬기는 사원이었으나 후에 불교 사원으로 바뀐 캄보디아의 대표적인 문화유산은 무엇일까요? 아시아

1) 보로부두르
2) 앙코르 와트

Day 001 40km

동방견문록에 따르면 몽골제국은 여러 지방으로 통하는 주요 도로에 약 40km마다 역참이 배치되었습니다. 역참에는 넓고 근사한 침대가 비치되어 있고, 모든 필요한 물건들이 제공되었습니다. 또한 각 역참에는 300~400마리의 말이 준비되어 있었습니다.

Day 002 2) 크샤트리아

마누법전에서 브라만은 '베다'를 가르치고 배우며 제사 지내는 일을, 바이샤는 농사를 짓고 짐승을 기를 것을, 수드라에게는 앞선 브라만, 크샤트리아, 바이샤에게 봉사하는 임무를 명령했다고 기술하고 있습니다.

Day 003 2) 대종교

인도에서 발생한 종교는 불교, 시크교, 힌두교, 자이나교 등이 있습니다. 대종교는 1909년 나철이 창시한 종교로 단군을 모시고, 삼신일체설을 믿는 우리나라만의 종교입니다.

Day 004 0, 10

0과 10진법을 사용하는 성과는 8세기 무렵에 아라비아 숫자의 형성에 기여했습니다. 이외에도 정확한 원주율 계산법을 발견하기도 했습니다. 인도의 수 체계는 아라이바에서 서양으로 넘어가 현대 수 체계의 근간을 이루게 됩니다.

Day 005 2) 앙코르 와트

9세기에 크메르족이 세운 첸나가 앙코르로 수도를 옮긴 후 앙코르 왕조로 이어졌습니다. 앙코르 톰, 앙코르 와트는 이 국가의 번영을 잘 보여주는 문화유산입니다. 보로부드르는 자바섬 중앙에 세워진 대승 불교 사원입니다.

Day 001   〈보기〉를 읽고, 괄호 안에 들어갈 알맞은 말을 고르 시오. <mark>아시아</mark>

〈보기〉

사우디 아라비아에 위치한 메카의 카바 신전에는 무함마드가 카바에 있던 우상을 부수고 신성한 (   ) 돌을 모셔 알라의 신전으로 바꾸어 이슬람의 가장 신성한 장소가 되었다.

1) 흰
2) 노란
3) 갈색
4) 검정

Day 002   이슬람 경전인 "쿠란"에서 알라가 성서를 내려주었다고 명시한 인물은 누구일까요? `아시아`

1) 모세
2) 이삭
3) 야곱
4) 예수

Day 003   무함마드가 죽은 후 이슬람 공동체가 선출한 새로운 지도자를 무엇이라 할까요? `아시아`

1) 술탄
2) 칼리프

Day 004 ⟨보기⟩ 중 알맞은 말을 골라 O표 하시오. `유럽`

⟨보기⟩

1993년 11월 1일 마스트리흐트 조약의 발효와 함께
유럽 공동체는 (EEC, EU)로 발전하였다. 이 조약에 따라
유럽 시민권이 도입되고 유럽 공동 화폐인 '유로'가 통용되었다.

Day 005 ⟨보기⟩ 중 알맞은 말을 골라 O표 하시오. `21세기`

⟨보기⟩

2001년 9 · 11 테러로 대표되는 크리스트교 세계와
이슬람 세계 사이의 갈등이 심화되면서 (IS, 탈레반)에
한국 학생이 가입하는 등 문제를 일으켰다.

정답

Day 001 4) 검정

신성한 검은 돌이 있는 메카 카바 신전이 있는 곳을 향해 이슬람교도는 매일 하루에 다
섯 번씩 예배드렸습니다.

Day 002 1) 모세

"쿠란"에 따르면 알라는 모세에게 성서를 주었으며, 마리아의 아들 예수에게 성스러운
표지를 주고 성령으로 그의 힘을 강하게 만들었다고 합니다. 또한 아브라함, 이스마엘,
이삭, 야곱에게 내린 계시를 믿는다고 되어있습니다.

Day 003 2) 칼리프

칼리프는 무함마드를 잇는 '계승자'라는 의미로, 이슬람이 종교 지도자이면서 정치적 지
배자 역할을 했습니다. 술탄은 칼리프의 동의를 얻어 그를 수호하는 세속 군주로, 이슬
람 세계의 정치적 지배자입니다.

Day 004 EU

EU의 시작은 1952년 서유럽 6개국을 중심으로 유럽 석탄 철강 공동체(ECSC)가 결성되
고, 이를 기반으로 1957년에 유럽 경제 공동체(EEC)가 만들어집니다. 1967년 유럽 경제
공동체는 유럽 석탄 철강 공동체와 유럽 원자력 공동체를 통합해 유럽 공동체(EU)로 발
전하였습니다.

Day 005 IS

IS는 Islamic State의 약자로 급진 수니파 무장단체인 이라크–레반트 이슬람국가를 표방
하는 테러조직이며, 탈레반은 1994년 아프가니스탄 남부 칸다하르주에서 결성된 무장
이슬람 정치단체입니다.

Day 001   다음 중 〈보기〉와 관련 있는 요인을 고르시오. `21세기`

〈보기〉

| 쿠릴 열도 분쟁 | 센카쿠 열도 분쟁 | 스프래틀리 군도 분쟁 |

1) 종교 갈등

2) 인종 갈등

3) 해양자원 갈등

Day 002   다음 〈보기〉의 괄호 안에 들어갈 알맞은 사건은 무엇일까요? 아시아

〈보기〉

중국 마오쩌둥은 대약진 운동의 실패를 만회하기 위해
문화 대혁명을 일으켰다. 이 기간 동안 (   )을 동원하여
덩샤오핑 등 실용적인 경제 개혁을 추진하던 인물들을 몰아내고
권력을 더욱 강화하였다.

1) 근위병
2) 팔기군
3) 홍위병

Day 003   냉전체제가 무너진 이후 동유럽 국가의 변화에 대한 설명이 맞으면 O표, 틀리면 X표 하시오. 유럽

1) 동독 첫 자유 총선거에서 서독과 통합을 약속한 정당이 승리하였다. (   )
2) 폴란드 자유 총선거에서 1989년 바웬사가 이끄는 자유 노조가 승리하였다.
   (   )
3) 체코슬로바키아는 1993년 체코 공화국과 슬로베니아로 분리되었다. (   )

Day 004　　〈보기〉를 읽고, 괄호 안에 들어갈 알맞은 말을 골라
○표 하시오. 유럽

〈보기〉

1985년 소련에 개혁과 개방을 내세우며
시장경제와 정치 민주화의 도입을 추천하여
노벨 평화상을 받은 인물은 (옐친, 고르바초프)다.

Day 005　서독의 브란트 총리가 독일 국민을 대표하여 유대인 희생자 추모비 앞에 무릎을 꿇고 사죄한 나라는 어디일까요?

`유럽`

1) 폴란드
2) 헝가리

Day 001 3) 해양자원 갈등

21세기는 해양 자원의 중요성 때문에 바다를 둘러싼 영토 분쟁이 끊이지 않고 있습니다. 러시아와 일본의 쿠릴 열도 분쟁, 중국과 일본의 센카쿠 열도 분쟁, 동아시아 여러 나라가 휘말린 스프래틀리 군도 분쟁 등이 대표적 사례입니다.

Day 002 3) 홍위병

마오쩌둥이 사망하고 정권을 잡은 덩샤오핑이 문화 대혁명(1966~1976) 기간에 벌어진 잘못을 인정하였습니다.

Day 003 1) O 2) O 3) X

체코슬로바키아는 1993년 체코공화국과 슬로바키아 공화국으로 분리되었습니다. 슬로베니아는 유고슬라비아에서 분리된 국가입니다.

Day 004 고르바초프

옐친은 고르바초프를 대신하여 권력을 장악하고 독립 국가 연합(CIS)를 출범시켜 소련을 공식 해체하였습니다.

Day 005 1) 폴란드

서독 브란트 총리는 동독을 포함한 공산 국가에 화해와 교류를 강조하는 동방 정책을 추진하였습니다. 특히 폴란드에서 독일 국민을 대표하여 유대인 희생자에게 진심 어린 사죄를 한 것은 세계에 큰 감동을 주었습니다

Day 001   미국 닉슨 대통령이 닉슨 독트린(1969)을 발표하고 국교를 수립한 나라는 어디일까요? 아시아

1) 소련
2) 중국
3) 몽골

Day 002   1945년 11월부터 약 1년 동안 나치 전범 처리를 위한 국제 군사 재판이 열린 곳은 어디일까요? 유럽

1) 뉘른베르크
2) 아우슈비츠

Day 003　　스탈린은 중공업 중심의 산업화와 농업 집단화를 추진하기 위해 경제 개발 몇 개년 계획을 추진하였을까요? 유럽

1) 5년
2) 7년
3) 10년

Day 004　　제2차 세계 대전 당시 일본군이 설치한 위안부에 강제로 끌려가지 않은 나라는 어디일까요? 아시아

1) 중국
2) 일본
3) 베트남
4) 알제리
5) 네덜란드

Day 005   〈보기〉의 괄호 안에 들어갈 말로 옳은 것은 무엇일까요? 아메리카

〈보기〉

미국 대통령 루스벨트는 1929년 시작된 경제 대공황을
해결하기 위해 (   ) 정책을 추진하였다.

1) 뉴딜 정책

2) 동방 정책

3) 횡단 정책

Day 001 2) 중국

미국 닉슨 대통령은 군사 개입을 피하고 아시아의 방위는 아시아의 힘으로 한다는 원칙을 담은 닉슨 독트린을 발표하고 베트남에서 군대를 철수하였습니다. 이후 중국과 국교를 수립하고 소련과 전략 무기 제한 협정을 체결하였습니다.

Day 002 1) 뉘른베르크

뉘른베르크 재판에서 24명이 기소되어 괴링 등 12명이 사형, 헤스 등 3명이 종신형을 선고받았습니다. 아우슈비츠는 폴란드의 지명으로 나치에 의해 400만 명이 희생당한 가슴 아픈 곳입니다.

Day 003 1) 5년

스탈린이 추진했던 경제 개발 5개년 계획은 소련이 엄청난 속도로 경제 성장할 수 있는 기반이 되었습니다. 그러나 이 과정에서 가혹한 집단 노동이 요구되고 정권에 대한 비판을 금지하는 등 독재 체제를 강화시키기도 했습니다.

Day 004 4) 알제리

제2차 세계 대전 당시 일본은 식민지 여성들을 강제로 끌고가 집단 성폭행을 자행하였습니다. 당시 우리나라를 비롯하여 아시아에 거주하던 네덜란드 여성들도 고통을 당했습니다.

Day 005 1) 뉴딜 정책

뉴딜 정책은 전통적인 자유방임의 원칙을 포기하고 국가가 경제에 적극적으로 개입하여 정부 지출을 늘리고 대규모 공공사업을 일으켜 구매력을 높이는 방식으로 경기를 회복하는 정책이었습니다.

Day 001 다음 보기를 읽고, 괄호에 들어갈 알맞은 지역을
고르시오. 아시아

⟨보기⟩

터기 공화국이 수립(1923)되고 대통령에 취임한
(   )은 일부다처제를 폐지하고 로마자 표기법을 도입하는
근대화에 전력을 기울였다.

1) 리자 샤
2) 무스타파 케말

Day 002   이집트 무함마드 알리가 근대화를 위해 건설하다가 오히려 영국의 내정간섭을 끌어들여 내정 간섭을 받게 된 운하는 무엇일까요? `아프리카`

1) 수에즈 운하
2) 파나마 운하

Day 003   가장 최근에 여성에게 참정권을 부여한 나라는 어디일까요? `21세기`

1) 터키
2) 이집트
3) 사우디아라비아

Day 004   인도 세포이 항쟁이 일어난 계기가 되었던 탄약주머니에 발라진 동물기름이 아닌 것은 무엇일까요? `아시아`

1) 소
2) 닭
3) 돼지

Day 005   〈보기〉를 읽고, 다음 중 알맞은 말을 골라 O표 하시오. `아시아`

〈보기〉

쑨원은 "민보" 발간사에서
'나는 유럽과 미국의 발전이 3대 주의에 의해 이루어졌다고 생각한다.
그것은 민족, 민권, 민생이다.'라고 밝히며
(삼민주의, 삼균주의)를 주장하였다.

Day 001 2) 무스타파 케말

리자 샤는 이란인으로 터키 공화국 출범에 자극을 받고 카자르 왕조 대신 팔레비 왕조를 1925년에 세웠습니다.

Day 002 1) 수에즈 운하

이집트가 수에즈 운하와 철도 건설로 막대한 외채에 허덕이게 되자, 영국은 수에즈 운하의 주식을 매입하여 운하 경영권을 차지하고 이집트 내정에 간섭하였습니다. 파나마 운하는 태평양과 대서양을 연결하는 운하입니다.

Day 003 3) 사우디아라비아

사우디아라비아는 2015년 여성의 선거 참여를 허용하였습니다.

Day 004 2) 닭

인도인이 많이 믿는 종교는 이슬람과 힌두교입니다. 이슬람은 돼지를 불결하다고 여겨 먹지를 않으며, 힌두교는 소를 신성시하여 먹지 않습니다. 그런데 입으로 찢어야 하는 탄약주머니에 소와 돼지기름이 발라져 있다는 사실에 인도인들이 분노하면서 세포이 항쟁이 발발하게 되었습니다.

Day 005 삼민주의

쑨원의 삼민주의는 각지에서 무장봉기를 일으키는 지도 이념이 되어 청나라를 무너뜨리는 힘이 됩니다. 삼균주의는 한국의 조소앙이 독립된 대한민국을 건설하는 건국이념의 바탕이 됩니다.

Day 001   다음 〈보기〉가 설명하는 조약은 무엇일까요? `아시아`

〈보기〉

1854년 일본이 서구에 문호를 개방하게 되는 조약으로

미국에 최혜국 대우를 부여함.

1) 미일 화친 조약

2) 미일 수호 통상 조약

Day 002　　제국주의 시대 아프리카의 식민지와 올바르게 연결되지 않은 것은 무엇일까요? `아프리카`

1) 벨기에 – 콩고
2) 영국 – 남아프리카공화국
3) 프랑스 – 에티오피아

Day 003　　영국 제국주의 상징으로 2015년 케이프타운 대학에서 철거된 동상의 모델은 누구일까요? 아프리카

1) 호세 리살
2) 세실 로즈

Day 004 〈보기〉의 작품이 만들어진 역사적 사건을 고르시오. 유럽

〈보기〉

귀스타브 도레 "기차에서 본 런던"

모네 "인상, 해돋이"

조르주 쇠라 "그랑자트섬의 일요일 오후"

1) 산업 혁명

2) 영국 명예혁명

Day 005   프랑스와의 전쟁에서 승리한 직후, 독일 빌헬름 1세의 즉위식은 어디에서 열렸을까요? 유럽

1) 버킹엄 궁전
2) 베르사유 궁전

정답

Day 001 1) 미일 화친 조약

미일 화친 조약은 1854년에 일본과 미국이 맺은 조약으로 최혜국 대우가 담겨져 있으며, 미일 수호통상 조약은 1858년에 맺은 조약으로 치외 법권이 주어진 불평등한 조약이었다.

Day 002 3) 프랑스 – 에티오피아

에티오피아는 이탈리아의 침공에 맞서 싸우면서 독립을 유지하였습니다.

Day 003 2) 세실 로즈

세실 로즈는 남아프리카 식민지를 건설하는 과정에서 토착민 학살, 고문, 토지 수탈 등을 저지르며 막대한 부를 쌓았습니다. 이렇게 축적한 재산의 일부가 케이프타운 대학부지 매입비로 쓰였습니다. 2015년 케이프타운 대학생은 세실 로즈의 인종 차별 전력을 근거로 동상 철거 시위를 벌였고, 시위 한 달 만에 교내의 동상이 철거되었습니다. 호세 리살은 필리핀의 독립운동가입니다.

Day 004 1) 산업혁명

귀스타브 도레 "기차에서 본 런던"은 산업 혁명으로 좁은 공간에 많은 사람이 밀집하여 비위생적인 환경에서 사는 모습을 보여줍니다. 모네 "인상, 해돋이"는 산업 혁명으로 주석 튜브 물감이 발명되어 야외에서 풍경을 보고 그릴 수 있는 인상파 발전과 연관이 있습니다. 조르주 쇠라 "그랑자트섬의 일요일 오후"는 소풍을 즐기는 중간 계급을 묘사하고 있습니다.

Day 005 2) 베르사유 궁전

비스마르크의 철혈정책으로 북독일 연방을 창설한 프로이센은 프랑스왕의 전쟁에서 승리하고 남독일의 여러 나라를 연방에 참가시켜 독일 통일을 이루었습니다. 1871년 빌헬름 1세는 베르사유궁전에서 황제로 즉위하고 독일 제국을 선포하였습니다.

Day 001   농노 해방령을 선포하였다가 무정부주의자에게 암살당한 러시아 황제는 누구일까요? 유럽

1) 표트르 대제
2) 알렉산드르 2세

Day 002   프랑스 혁명 당시 단두대에서 목숨을 잃은 왕은 누구일까요? 유럽

1) 루이 14세
2) 루이 16세

Day 003   아바스 왕조의 수도로 이슬람 세계의 교역과 무역의 중심지로 10세기 무렵 100만 명이 넘었던 도시는 어디일까요? 아시아

1) 바그다드
2) 다마스쿠스

Day 004   종합병원의 모태가 되는 이슬람의 의료 체계에 대한 설명이 맞으면 O표, 틀리면 X표 하시오. 아시아

1) 최초의 병원은 8세기 말 바그다드에 세워졌다. (   )
2) 남성과 여성을 분리하여 수용하는 병동이 있었다. (   )
3) 산부인과와 정신과가 개설되어 운영되었다. (   )

Day 005 '알코올', '알칼리', '알고리즘'은 어느 언어에 기원을 두었을까요? 아시아

1) 영어
2) 라틴어
3) 아랍어

Day 001 2) 알렉산드르 2세
표트르 대제는 17세기 말 서유럽 여러 나라를 돌아보고 내정 개혁과 군비 확장을 추진한 러시아 황제입니다. 중국으로 진출하고 상트페테르부르크로 수도를 옮겼습니다.

Day 002 2) 루이 16세
루이 14세는 프랑스의 절대왕정을 이끌며 태양왕으로 불렸습니다.

Day 003 1) 바그다드
다마스쿠스는 시리아의 수도로 이슬람 시대에는 우마이야 조의 수도로 번영을 누렸습니다.

Day 004 1) O 2) O 3) O
이슬람의 의료 체계는 바그다드를 시작으로 카이로, 다마스쿠스 등지에 건립되었습니다. 외과, 내과, 안과, 산부인과, 정신과가 개설되었고, 입원실 같은 개별 병동도 갖추었습니다. 군사 활동에 필요한 야전 병원과 이동 진료소와 약국이 운영되는 등 오늘날 종합 병원의 모태가 되었습니다.

Day 005 3) 아랍어
이슬람에서는 화학, 수학 등이 발달하여 이와 관련된 용어 중에는 아랍어에 기원을 둔 것이 많습니다.

Day 001 이슬람 사원의 미흐랍은 아치형 장식물로, 어디를 알려주는 역할을 하고 있을까요? 아시아

1) 메카
2) 메디나

Day 002 게르만족의 이동에 대한 설명이 맞으면 O표, 틀리면 X표 하시오. 유럽

1) 게르만족은 발트 해 연안에 살면서 농경과 목축, 수렵 생활을 하였다. (　　)
2) 4세기 후반 훈족의 침입으로 유럽 내륙으로 이동하였다. (　　)
3) 서로마제국은 게르만족에게 잉글랜드를 넘겨주고 위기를 넘겼다. (　　)

Day 003   스페인에 '산티아고 가는 길'의 최종 도착지인 산티아고 데 콤포스텔라에는 누구의 무덤이 있을까요? 유럽

1) 야고보
2) 베드로

Day 004   〈보기〉를 읽고, 괄호 안에 들어갈 알맞은 말을 고르시오. 유럽

〈보기〉

프랑크 왕국의 (   ) 대제는 서로마 황제의 대관을 통해
로마 가톨릭의 새로운 보호자가 되었다.

1) 피핀
2) 카롤루스

Day 005   노르만족의 이동에 대한 설명이 맞으면 O표, 틀리면 X표 하시오. 유럽

1) 동로마제국이 약해지는 14세기 말부터 이동하였다. (   )

2) 이주지에 노르만 왕조, 노르망디 공국, 노보고로드 공국 등을 세웠다. (   )

3) 원주지에는 스웨덴, 덴마크, 노르웨이 등을 세웠다. (   )

Day 001 1) 메카

미흐랍은 사우디아라비아의 메카의 방향을 알려주고 있습니다. 메카는 무함마드의 출생지이자 이슬람교를 창시한 곳입니다. 여기에 이슬람교에서 가장 신성하게 여기는 카바 신전이 있습니다. 이슬람교도는 메카가 있는 미흐랍을 향해 예배를 올립니다.

Day 002 1) O 2) O 2) X

게르만족은 인구가 증가하면서 농경지를 찾아 남쪽으로 이동하면서 일부가 로마 제국의 용병이나 관리가 되었습니다. 훈족의 침입으로 로마 제국을 침범하였고, 이에 쇠약해진 서로마 제국은 게르만족 용병 대장이던 오도아케르에게 멸망합니다.

Day 003 1) 야고보

산티아고 데 콤포스텔라에는 예수의 제자 중 첫 순교자인 야고보의 무덤이 있습니다. 이곳에 도착해서 성 야고보상에 예배를 드리고, 야고보의 유해가 실려 왔다고 전해지는 바닷가에서 조개껍데기를 주워 바랑이나 지팡이에 매달면 순례를 마쳤다는 증표가 되었습니다.

Day 004 2) 카롤루스

피핀은 메로베우스 왕조의 왕을 내쫓고 카롤루스 왕조를 열었습니다. 이탈리아 중부 지역을 랑고바르드족으로 빼앗아 교황에게 주었습니다.

Day 005 1) X 2) O 3) O

노르만족은 프랑크 왕국이 분열되는 9세기 말부터 이동하여 유럽의 봉건제 형성에 많은 영향을 미치게 됩니다.

Day 001 중세시대 농노를 '뿔 없는 (   )'로 표현하였다.
괄호 안에 들어갈 단어는 무엇일까요? 유럽

1) 개
2) 돼지
3) 황소

Day 002 크리스트교 5대 교구 중 비잔티움 제국의 동유럽
교회를 대표하는 교구는 어디일까요? 유럽

1) 로마
2) 안티오크
3) 예루살렘
4) 콘스탄티노폴리스

Day 003   1077년 파문당한 하인리스 4세가 교황을 찾아가 사죄한 사건은 무엇일까요? 유럽

1) 카노사의 굴욕
2) 카사노의 굴욕

Day 004   〈보기〉는 중세 시대의 유명한 말이다. 괄호 안에 들어갈 알맞은 말을 고르시오. 유럽

〈보기〉

"(   )를 떠나서는 태어날 수도 죽을 수도 없다."

1) 교회
2) 장원

Day 005   9세기 비잔티움 제국이 슬라브족을 전도하기 위해 보낸 키릴로스 형제에 의해 만들어진 문자는 무엇일까요? 유럽

1) 라틴 문자
2) 키릴 문자

Day 001 3) 황소
농노란 자유로운 농민과 예속된 노예의 특징을 가졌다고 하여 붙여진 이름입니다. 고대
로마의 콜로누스에서 기원한 농노는 영주를 위한 부역 노동에 시달렸습니다. 토지에 묶
여 거주 이전의 자유가 없이 노예와 같은 생활을 해야 했습니다.

Day 002 4) 콘스탄티노폴리스
크리스트교 5대 교구는 로마, 안티오크, 예루살렘, 알렉산드리아, 콘스탄티노폴리스입니
다. 이중 로마와 콘스탄티노폴리스를 제외한 3곳은 이슬람의 지배를 받았고, 로마는 서
유럽 교회를, 콘스탄티노폴리스는 동유럽 교회를 대표하게 됩니다..

Day 003 1) 카노사의 굴욕
하인리히 4세는 성직자 서임권을 두고 그레고리우스 7세와 대립하였습니다. 교황에게
파문당하고 신성 로마 제국 내 제후와 주교의 지지마저 잃은 하인리히 4세는 카노사로
교황을 찾아가 사죄하였습니다.

Day 004 1) 교회
중세 시대는 왕권보다 교권이 더 강했던 시절이었습니다. 중세 유럽인에게는 교회란 매
우 중요한 곳으로 신앙을 담아 교회를 지었고, 교회를 아름답게 꾸미는 데 정성을 다하
였습니다.

Day 005 2) 키릴 문자
키릴로스 형제는 그리스 알파벳을 기본으로 하면서 슬라브족들이 많이 쓰는 발음을 나
타낼 수 있는 슬라브 알파벳인 키릴 문자를 만들었습니다. 키릴 문자는 세르비아, 불가리
아, 러시아, 우크라이나 등 오늘날 대부분의 슬라브족이 쓰는 문자의 원형이 되었습니다.

Day 001   제4차 십자군 전쟁 당시 비잔티움 제국의 콘스탄티노폴리스를 점령하고 세운 나라는 무엇일까요? 유럽

1) 라틴 제국
2) 헝가리 제국
3) 신성 로마 제국

Day 002   십자군 전쟁 이후 13세기 북부 유럽의 도시 동맹을 '한자 동맹'이라 부른다. 여기서 '한자'가 의미하는 것은 무엇일까요? 유럽

1) 동료
2) 무기
3) 문자
4) 모직물

Day 003   중세 장원제와 농노제를 해체할 만큼 인구를 감소시킨 전염병은 무엇일까요? 유럽

1) 매독
2) 흑사병
3) 말라리아

Day 004　　십자군 전쟁 이후 권위가 떨어진 교황은 프랑스 필리프 4세에 의해 교황청을 로마에서 어디로 옮겼을까요? 유럽

1) 파리
2) 보르도
3) 아비뇽
4) 제노바

Day 005　　1324년 메카로 성지 순례를 떠나며 11톤의 금괴를 싣고 가난한 이를 도와주었던 '만사 무사'는 어느 나라 왕일까요? 아프리카

1) 가나 왕조
2) 말리 왕조

정답

Day 001 1) 라틴 제국

제4차 십자군 전쟁은 종교적 열정이 식고 세속적 목적으로 같은 크리스트교 국가인 비잔티움 제국의 콘스탄티노폴리스를 점령한 뒤, 1204년에 세운 나라입니다. 이후 그리스와 불가리아 등 주변 국가의 저항에 시달리다가 멸망하였습니다.

Day 002 1) 동료

십자군 전쟁 이후 교역이 발달하고 도시가 성장하였습니다. 함부르크와 뤼베크 등 북독일 도시들은 한자 동맹을 결성하여 북해와 발트 해 연안의 무역을 독점하였습니다.

Day 003 2) 흑사병

비위생적이었던 유럽은 14세기 흑사병이 창궐했습니다. 쥐에 기생하는 벼룩이 가지고 있던 페스트균에 의해 전염되는 흑사병으로 당시 유럽 인구의 1/3이 죽었습니다.

Day 004 3) 아비뇽

14세기 초 프랑스 왕 필리프 4세는 교회와 성직자에 대한 과세 문제를 둘러싸고 교황 보니파키우스 8세와 대립하였습니다. 필리프 4세는 삼부회를 소집하여 교황을 굴복시키고 교황청을 아비뇽에 1309~1377까지 두었습니다. 이를 아비뇽 유수라고 합니다.

Day 005 2) 말리 왕조

만사 무사는 1312년에서 1332년까지 말리 왕조를 통치하였습니다. 독실한 이슬람교도였던 그는 11톤의 금괴, 노예 1만 2천여 명, 아내 800여명을 거느리고 출발하였다고 합니다. 순례 도중 만나는 가난한 이들에게 황금을 나누어주어 한동안 카이로의 금값이 떨어졌다고 합니다.

Day 001　아스테카 문명과 잉카 문명 모두 16세기 어느 나라에 의해 멸망하였을까요? `아메리카`

1) 에스파냐
2) 포르투갈

Day 002　오세아니아에 대한 설명이 맞으면 O표, 틀리면 X표 하시오. `오세아니아`

1) 오세아니아 문화의 선조는 라피타 인으로 기원전 1600년경 이곳에 도착하였다. (　　)
2) 라피타 인들은 나무 부낭이 달린 카누를 발명하여 먼 거리를 여행하였다. (　　)
3) 마오리족은 10세기경 장거리 여행을 통해 필리핀 제도까지 진출하였다. (　　)

155

Day 003　　로마의 영향을 받아 크리스트교를 전파하고 거대한 오벨리스크를 제작한 왕국은 어디일까요? `아프리카`

1) 가나 왕국
2) 악숨 왕국
3) 루바 왕국

Day 004　　〈보기〉를 읽고, 괄호 안에 들어갈 알맞은 말을 고르시오. `오세아니아`

〈보기〉

태평양 폴리네시아에 속한 이스터 섬의 해안가에는
(　　　　　　　　　)이 세워져 있다.

1) 도다 석상
2) 모아이 석상

Day 005   중국 자금성에 대한 설명을 읽고 맞으면 O표, 틀리면 X표 하시오. 아시아

1) 자금성의 건물 지붕은 사방의 중심을 의미하는 황색 기와로 덮여있다. (   )

2) 자금성의 벽과 기둥은 세계의 중심을 의미하는 붉은 색으로 칠해져있다.
   (   )

3) 자금성 내에 있는 천지일월의 제단에서 자신이 세계를 지배하는 존재임을 내세웠다. (   )

Day 001 1) 에스파냐
에스파냐는 브라질을 제외한 아메리카 전역을 식민지로 만들어 통치하였습니다.

Day 002 1) O 2) O 3)X
폴리네시아의 마오리족은 10세기경 뉴질랜드에 정착하였습니다.

Day 003 2) 악숨 왕국
악숨 왕국은 4세기 쿠시 왕조를 멸망시키고 이집트, 인도 등과 교역하였습니다. 악숨 왕국은 크리스트교를 수용하였으며, 7세기 무렵 이슬람 세력의 침입을 받아 쇠퇴하였습니다.

Day 004 2) 모아이 석상
이스터 섬의 원주민들이 세운 것으로 11세기에 가장 많이 만들어졌으며 17세기까지 제작되었습니다. 일반적으로 3.5~5.5m에 이르는 모아이 석상은 약 900여개가 있습니다. 무게는 보통 20~90톤에 이릅니다.

Day 005 1) O 2) O 3) X
자금성은 명의 영락제가 지어 천도한 후 청 대까지 황제의 거처로 사용되었습니다. 고대 중국에서는 북극성을 중심으로 한 별자리를 자미원이라 부르며, 천제가 거처한다고 생각하였습니다. 자금성의 명칭도 이 자미원에서 유래하였습니다. 천지일월의 제단은 자금성 밖에 없습니다.

Day 001   명나라 영락제의 명으로 7차에 걸친 항해를 통해 아프리카까지 다녀온 정화의 직업은 무엇인가? 아시아

1) 제독
2) 환관
3) 승상
4) 대학사

Day 002   여진족을 통합하여 1616년 후금을 세운 인물은 누구일까요? 아시아

1) 누르하치
2) 홍타이지

Day 003   청나라 건륭제가 1793년 영국 매카트니 사절단에게 교역을 허락해준 장소는 어디일까요? 아시아

1) 홍콩
2) 마카오
3) 상하이

Day 004   "호광(현재 후베이 성과 후난 성 일대) 지방에 풍년이 들면 천하가 풍족해진다."는 중국 속담이 있다. 호광은 어느 강일까요? 아시아

1) 창장 강
2) 황하 강

Day 005   다음 중 〈보기〉와 관련 있는 중국 왕조는 무엇일까
요? 아시아

〈보기〉

'회관'	'공소'	'해금 정책'	'산시 상인'

1) 당나라
2) 송나라
3) 원나라
4) 청나라

정답

Day 001　2) 환관

원난 성 출신의 이슬람교도였던 정화는 환관으로서 60여 척의 대형 함선과 100여 척의 소형 함선에 2만 7천여 명의 병사와 선원을 데리고 동남아시아, 인도, 서아시아와 아프리카까지 다녀왔습니다.

Day 002　2) 홍타이지

홍타이지는 누르하치의 뒤를 이어 나라 이름을 청으로 바꾸고, 몽골과 조선을 공략하였습니다. 병자호란을 일으켜 삼전도의 굴욕을 남겨준 왕이기도 합니다.

Day 003　2) 마카오

건륭제는 매카트니 사절단에게 공행 무역의 폐지 요구를 거절하였습니다. 홍콩은 아편전쟁으로 1842년에 맺어진 남경조약에 의해 영국에 할양된 지역입니다.

Day 004　1) 창장 강

명 · 청 시대에는 곡창 지대가 창장 강 하류에서 중류로 바뀌었음을 보여주는 중국 속담입니다.

Day 005　4) 청나라

명 · 청 시대에는 쑤저우나 양저우 같은 상공업 도시들이 출현합니다. 이런 도시들을 오가며 전국적으로 상품을 유통시키는 산시 상인들이 등장하였고, 각지에 동향 조직인 '회관'과 동업 조합인 '소'를 통해 이익을 도모하였습니다. 국가적으로는 사적인 해외 왕래와 무역을 제한하는 해금 정책을 시행하였습니다.

Day 001 　청나라가 명의 영역보다 훨씬 넓은 영역에 걸친 대
제국을 건설할 수 있었던 군사 조직의 이름이 무엇일까요? `아시아`

1) 팔기군
2) 맹안모극제

Day 002 　청나라시대 조설근이 지은 소설로 귀공자 가보옥
과 미소녀 임대옥의 연애 이야기를 다룬 중국 고전 작품은 무엇
일까요? `아시아`

1) 수호지
2) 서유기
3) 홍루몽
4) 삼국지연의

Day 003　15세기 이탈리아 르네상스의 중심에 있었던 피렌체에서 학문과 예술에 많은 지원을 했던 가문은 어디일까요? `유럽`

1) 메디치 가문
2) 페레로 가문

Day 004　이슬람 수도사들이 밤에 잠을 쫓기 위해 마신 음료는 무엇일까요? `아시아`

1) 녹차
2) 홍차
3) 커피
4) 쟈스민차

Day 005　　청나라가 다수의 한족의 다스리기 위해 강제적으로 시행한 머리 스타일을 무엇이라 할까요? `아시아`

1) 변발
2) 호복

Day 001 1) 팔기군

맹안모극제는 금나라의 군사조직입니다. 팔기군은 8종류의 깃발에 의하여 편성한 데서 유래한 것으로 청나라가 발전한 것은 정복한 각 부족을 팔기제로 편성한 데 있습니다.

Day 002 3) 홍루몽

홍루몽은 지배층이 표면적인 세계가 아니라 인간 심리의 심층까지 묘사하고 있습니다. 당시 영리하지만 공부는 싫어하며, 유교 도덕을 비판하고 남성 사회의 부정과 부패에 등을 돌리는 가보옥에게 지지를 보냈습니다.

Day 003 1) 메디치 가문

메디치 가문은 피렌체의 시정을 장악하고 교황을 배출하며 막강한 권력을 행사하는 한편, 많은 예술가와 학자를 후원했습니다. 코시모 메디치는 플라톤 아카데미라는 학술 그룹을 조직하여 고전 연구를 장려했고, 손자 로렌츠는 보티첼리와 미켈란젤로를, 증소자인 교황 레오 10세는 라파엘로를 후원하였습니다. 페레로 가문은 지금도 페레로 초콜릿으로 유명합니다.

Day 004 3) 커피

16세기에는 이스탄불에 커피 마시는 장소가 등장하였으며, 유럽으로 수출하는 주요 교역품이었습니다. 이후 유럽 각국은 식민지에 커피를 옮겨 심으면서 대중적인 음료가 되었습니다.

Day 005 1) 변발

청나라는 회유책과 강격책을 적절히 사용하여 한족을 다스렸습니다. 강경책으로 앞머리는 밀고 뒷머리는 길러서 묶는 변발을 강요했고, 문자옥으로 사상을 탄압하였습니다.

Day 001   태평천국 운동 당시 태평천국군이 주장하지 않은
내용은 무엇일까요? 아시아

1) 남녀평등

2) 변발 금지

3) 전족 금지

4) 과거제 폐지

Day 002   오스만 제국 술탄의 직속 부대를 무엇이라 할까요?

아시아

1) 시파히
2) 예니체리
3) 데브시르메

Day 003   태국 왕조 100주년을 기념하여 건축한 짜끄리 궁 전을 만든 인물은 누구일까요? 아시아

1) 라마 5세
2) 라마 10세

Day 004   사우디아라비아가 건국하는데 기반이 되었던 운동
은 무엇일까요? 아시아

1) 입헌 혁명
2) 와하브 운동
3) 담배 불매 운동

Day 005   인도 무굴 제국 통치기에 페르시아의 영향을 받아
발달한 언어이자 파키스탄의 언어는 무엇일까요? `아시아`

1) 힌디 어
2) 우르두 어

Day 001 4) 과거제 폐지

과거제 폐지는 캉유웨이와 량치차오 등이 일본의 메이지 유신을 본떠 입헌 군주제를 도입하는 개혁을 펼치던 변법 운동 때 주장한 내용입니다.

Day 002 2) 예니체리

데브시르메는 크리스트교 청소년을 징병하여 이슬람교로 개종시킨 후 교육과 훈련을 거쳐 예니체리나 관료로 등용하는 것을 말합니다. 예니체리는 데브시르메에 의해 징발된 술탄의 직속 부대이며, 시파히는 술탄으로부터 봉토를 받은 튀르크 기병을 이야기합니다.

Day 003 1) 라마 5세

짜끄리 궁전의 몸체는 대리석으로 만들어 유럽 양식을 따랐고, 지붕은 태국의 고유 양식을 살렸습니다. 라마 10세는 2016년 태국 국왕으로 즉위했습니다.

Day 004 2) 와하브 운동

18세기 압둘 와하브가 이슬람교 초기의 순수함을 되찾자는 와하브 운동을 일으켰고, 사우드 가문이 와하브와 동맹을 체결하고 제1차 사우디 왕국을 건설하였습니다. 담배 불매 운동과 입헌 혁명은 이란의 민족 운동입니다.

Day 005 2) 우르두 어

우르드 어는 힌두 어를 기본으로 페르시아 어, 아랍 어 등이 섞여 있습니다. 세계 인구 가운데 약 6천 백만 명이 사용하고 있으며, 파키스탄, 인도 등 남아시아 일대에서 공통어로 사용되고 있습니다.

Day 001 　베트남 판보이쩌우가 중국의 량치차오와 나눈 대담을 편집하여 출간한 책이름은 무엇일까요? `아시아`

1) 안남지략
2) 월남망국사
3) 대나무 이야기
4) 대월사기전서

Day 002   다음 〈보기〉를 읽고, 괄호 안에 들어갈 단어를 고르시오. 아시아

〈보기〉

> 아프가니는 이슬람의 단결과 개혁을 주장하며
> "한 마리의 (   )가 2억의 민중을 잡아먹고 있다."고 비판하였다.

1) 사자
2) 늑대
3) 하이에나

Day 003   아르헨티나 독립을 선언했던 광장 이름은 무엇일 까요? 아메리카

1) 3월 광장
2) 5월 광장
3) 7월 광장
4) 10월 광장

Day 004   북아프리카의 식민 통치에 대한 설명이 맞으면 O표, 틀리면 X표 하시오. 아프리카

1) 이집트에서는 아라비 파샤가 혁명을 일으켰으나 영국에 의해 실패하였다.
( )

2) 리비아는 오스만 제국의 지배를 받다가 19세기 독일의 지배를 받았다.
( )

3) 알제리는 30년간 프랑스에 맞서 싸웠으나 식민지가 되고 말았다. ( )

Day 005　　15~16세기 인도에서 힌두교와 이슬람교를 융합시키려는 움직임에서 나나크가 창시한 종교는 무엇일까요? `아시아`

1) 불교

2) 시크교

3) 자이나교

Day 001 2) 월남 망국사

월남 망국사는 판보이쩌우가 식민 통치로 인한 베트남 인들의 고통과 베트남 독립에 대한 희망을 담았습니다. 당시 이 책은 우리나라에도 소개되어 사립학교의 교과서로 채택되기도 했습니다.

Day 002 3) 하이에나

아프가니스탄 지역에서 태어난 아프가니는 영국이 무슬림을 착취한다고 비판하였습니다. 이집트에서 반영활동을 벌였으며, 이란의 담배 불매 운동에도 영향을 주었습니다. 그는 이슬람 세계가 서양 열강의 맞서기 위해서는 입헌제, 의회제를 도입하여 정치적 민주화를 이루어야 한다고 주장하였습니다.

Day 003 2) 5월 광장

16세기부터 에스파냐 인들이 5월 광장을 중심으로 도시를 조성하면서 식민지의 역사가 시작되었습니다. 1810년 5월 아르헨티나 사람들은 5월 광장에서 독립을 선언하였습니다. 이를 5월 혁명이라 부르며, 5월 광장이라는 이름도 붙여지게 되었습니다.

Day 004 1) O 2) X 3) O

리비아는 20세기 초에 이탈리아의 식민지가 됩니다. 알 무크타르가 주도하는 강력한 저항 운동이 전개되어, 이탈리아는 리비아를 효과적으로 통치하지는 못했습니다.

Day 005 2) 시크교

시크교는 담배와 마약을 금지하고, 우상 숭배와 카스트제의 신분 차별을 반대합니다. 또한 유일신에 대한 믿음과 인간 평등을 주장합니다. 사원 내에는 남녀의 차별도 없고, 이교도라는 이유로 출입을 금지하는 장소도 없습니다.

Day 001   탄자니아 지방에서 1905년 독일의 식민지배에 저항한 마지마지운동이 일어났다. 마지가 의미하는 것이 무엇일까요? 아프리카

1) 거룩한 물
2) 거룩한 주술사
3) 거룩한 아프리카

Day 002   제1차 세계 대전에서 미국이 협상국으로 참전하게 만든 사건은 무엇일까요? 유럽

1) 사라예보 사건
2) 모로코 사건
3) 무제한 잠수함 작전

Day 003   라틴 아메리카 독립에 대한 설명이 맞으면 O표, 틀리면 X표 하시오. 아메리카

1) 라틴 아메리카 독립 운동을 주도한 것은 크리오요였다. (   )

2) 볼리바르는 콜롬비아, 베네수엘라, 볼리비아를 에스파냐로부터 독립시켰다.

  (   )

3) 라틴 아메리카에서 제일 먼저 독립한 나라는 파라과이다. (   )

Day 004　16세기에 세워진 인도의 무굴제국은 어느 나라의 후예라는 의미를 담고 있을까요? 아시아

1) 몽골
2) 페르시아
3) 마우리아

Day 005　1905년 러시아의 '피의 일요일 사건'의 원인이 아닌 것은 무엇일까요? 유럽

1) 차르의 전제 정치
2) 러 · 일 전쟁 패배
3) 브나로드 운동

정답

Day 001 1) 거룩한 물

1905년 주술사 '킨 제케틸레'가 독일의 가혹한 세금 징수와 강제 노동에 맞서 저항할 것을 호소하면서 2년 동안 봉기를 일으켰습니다. 봉기에 참여한 사람들은 주술사 킨 제케틸레가 주는 마지(거룩한 물)을 마시면 독일인이 쏘는 총알을 피할 수 있다고 믿었습니다. 독일은 주민 전체를 굶주리게 하는 전술로 마지마지 운동을 진압하였습니다.

Day 002 3) 무제한 잠수함 작전

사라예보 사건은 제1차 세계 대전이 발발하게 되는 사건이며, 모로코 사건은 프랑스가 모로코를 보호령으로 지배하려는 과정에서 독일이 반발한 사건입니다. 무제한 잠수함 작전은 1917년 독일이 영국을 해상 봉쇄하는 과정에서 모든 선박에 대한 무차별 공격이 이루어졌고, 이 과정에서 많은 미국인이 죽자 협상국 편으로 참전하게 된 사건입니다.

Day 003 1) O   2) O   3) X

라틴 아메리카에서 가장 먼저 독립한 나라는 카리브 해의 섬나라 아이티입니다.

Day 004 1) 몽골

무굴제국을 세운 바부르는 중앙아시아 출신으로 부계는 티무르, 모계는 칭기즈 칸의 혈통을 이어받았습니다. 그는 스스로를 몽골의 후예라 생각하여 나라의 이름을 무굴이라 지었습니다. 무굴은 몽골을 의미하는 페르시아어의 변형입니다.

Day 005 3) 브나로드 운동

피의 일요일 사건은 상트페테르부르크에서 벌어진 평화적 시위였으나, 무자비한 발포로 많은 사상자가 발생하였습니다. 이 사건을 계기로 차르 체제를 무너뜨리려는 움직임이 확산됩니다. 브나로드 운동은 젊은 지식인층으로부터 시작된 농촌계몽운동입니다.

34 Week

Day 001   메소포타미아 문명의 수메르인이 도시마다 세운
신전을 무엇이라 할까요? `아시아`

1) 지구라트
2) 피라미드

Day 002   19세기 중반 인상파 화가인 고흐, 모네에게 영향을
준 일본의 풍속화를 무엇이라 할까요? 아시아

1) 란가쿠
2) 우키요에

Day 003   우즈베키스탄과 카자흐스탄 사이에 있는 세계에서 네 번째로 컸으나, 지금은 소금사막으로 변하고 있는 호수는 무엇일까요? `21세기`

1) 아랄해
2) 카스피해

Day 004　　사후 세계보다 현세의 행복을 기원하는 내용이 담겨있는 고대 바빌로니아의 서사시는 무엇일까요? `아시아`

1) 사자의 서

2) 길가메시 서사시

Day 005 명·청 시기에 동서 교류에 대한 설명이 맞으면 O표, 틀리면 X표 하시오. 아시아

1) 예수회 선교사들의 도움으로 제작된 대포인 홍이포는 전쟁의 양상을 바꾸어놓
   았다. (   )

2) 독일 선교사 아담 샬은 청나라 초에 역법을 개정하고 천문대를 맡았다. (   )

3) 동양의 원근법과 음영법이 서양으로 소개되면서 인상파가 만들어졌다. (   )

Day 001 1) 지구라트

지구라트는 점토질 벽돌로 높은 기단을 쌓고 직사각형의 모습을 가지고 있습니다. 피라미드는 이집트 파라오의 무덤입니다.

Day 002 2) 우키요에

우키요에는 에도 시대 서민층을 중심으로 유행한 풍속화로 여성의 관능미를 묘사한 그림부터 풍경, 역사 소재가 다양합니다. 유럽에서는 우키요에에 열광하여 일본풍 취향을 뜻하는 자포니즘(Japonisme)이라는 용어가 생겨나기도 했습니다.

Day 003 1) 아랄해

아랄해 주변의 목화 농업으로 많은 양의 물이 필요했습니다. 시간이 흐를수록 수자원의 사용이 점점 늘어나고, 소련의 붕괴로 댐 관리가 제대로 되지 않으면서 아랄해는 소금 사막이 되어가고 있습니다.

Day 004 2) 길가메시 서사시

사자의 서는 이집트 문명에서 죽은 사람을 위한 안내서로 영혼 불멸과 사후 세계를 믿는 이집트 사람들의 내세관이 담겨져 있습니다.

Day 005 1) O 2) O 3) X

명 · 청 시대에는 서양의 원근법과 음영법이 동양으로 소개되는 등 동서 문화 교류의 폭이 크게 넓어졌습니다.

From
35Week

to
52Week

35 Week

Day 001 1971년 캐나다 밴쿠버에서 환경 보호를 위해 결성된 국제적 비정부 기구는 무엇일까요? `21세기`

1) 그린피스
2) 세이브 더 칠드런

Day 002 카르타고를 비롯한 식민 도시를 건설하고, 알파벳의 기원이 되는 표음 문자를 사용한 민족은 어디일까요? 아시아

1) 히타이트
2) 페니키아인
3) 헤브라이인

Day 003 백년전쟁에서 프랑스의 위기를 극복하고 승리할 수 있도록 크게 기여했던 여인은 누구일까요? 아시아

1) 제피로스
2) 잔 다르크

Day 004   독일 지역에서 14세기 7명의 제후가 황제를 선출
하는 규정을 명시한 것은 무엇일까요? `유럽`

1) 권리장전
2) 황금문서

Day 005   21세기 인류의 과제가 아닌 것은 무엇일까요?

`21세기`

1) 환경오염

2) 남북문제

3) 소수자 권리

4) 반세계화 운동

정답

Day 001 1) 그린피스
세이브 더 칠드런은 세계 최대 규모의 아동 구호 단체입니다.

Day 002 2) 페니키아인
히타이트는 서아시아에 철기 문화를 전파하였고, 헤브라이인은 크리스트교와 이슬람교 성립에 영향을 준 유대교를 믿었습니다.

Day 003 2) 잔 다르크
제피로스는 그리스 신화에 나오는 서풍의 신입니다. 잔 다르크는 농부의 딸로 태어나 신의 계시를 받고 백년전쟁에 참전하였습니다. 그녀가 이끈 프랑스군은 오를레앙 전투에서 영국군을 이긴 것을 계기로 전쟁에 승리할 수 있었습니다.

Day 004 2) 황금문서
권리장전은 영국의 명예혁명 당시 의회가 제정한 것으로 의회 중심의 입헌 군주제의 토대를 마련하였습니다. 황금문서는 독일의 대공위 시대의 혼란을 해결하고 황제를 선출하는 절차와 선출권을 가진 제후의 권리를 확정하기 위해 작성되었습니다. 황제의 황금 도장을 찍은 데서 황금문서라는 명칭이 생겼습니다.

Day 005 4) 반세계화 운동
21세기는 환경오염, 남북문제, 여성과 소수자의 권리 존중 등 많은 문제를 가지고 있습니다. 반세계화운동은 세계화에 반대하고 국제 연대를 추구하는 움직임을 말합니다.

Day 001   원나라의 몽골 제일주의 원칙에 따른 민족별 순위를 옳게 표현한 것을 고르시오. 아시아

1) 몽골인 – 색목인 – 남인 – 한인

2)몽골인 – 남인 – 색목인 – 한인

3) 몽골인 – 한인 – 남인 – 색목인

4) 몽골인 – 색목인 – 한인 – 남인

Day **002** 〈보기〉를 읽고, 괄호 안에 들어갈 단어를 고르시오.

아시아

〈보기〉

인도는 1961년 "(   ) 금지법"을 제정하였으나
현재까지도 "마누 법전"에 명시된 문구 때문에
많은 사람이 살해당하고 있다.

1) 지참금

2) 카스트제

3) 유일신 숭배

Day 003 　　1492년 아메리카 대륙에서 인디언들이 피던 담배를 유럽으로 가져온 인물은 누구일까요? `아메리카`

1) 마젤란
2) 콜럼버스

Day 004   고대 그리스 폴리스에서 종교 생활의 중심이자 최
후의 방어 거점은 어디일까요? 유럽

1) 아고라
2) 아크로폴리스

Day 005   기원전 2,500년경 조성된 계획도시로 인도 문명의
우수성을 보여주는 유적은 무엇일까요? 아시아

1) 벵골

2) 코친

3) 모헨조다로

정답

Day 001   4) 몽골인 – 색목인 – 한인 – 남인

인구수가 적었던 몽골인들은 몽골 제일주의의 원칙에 따라 소수의 몽골인이 정부 고위
직을 독점하고 색목인을 우대하였습니다. 한인은 정치와 군사의 요직을 독점하였고, 색
목인은 재정과 경제를 담당하면서 지배계층이 되었습니다. 반면 한인과 남인은 주변 민
족들로 피지배 계층을 형성하였습니다. 고려의 경우는 한인에 속했습니다.

Day 002   1) 지참금

"마누 법전"은 여성이 결혼할 때 막대한 지참금을 신랑의 가문에 지급하라고 말하고 있
습니다. 이 때문에 인도 여성들의 결혼 부담이 상당하며, 현재도 한 해에 8천 명 가까운
여성이 지참금을 지급하지 못했다고 신랑 가문 구성원에게 살해당하고 있습니다.

Day 003   2) 콜럼버스

콜럼버스는 인디언들이 피는 담배를 신기하게 여기고 담배를 유럽으로 가져왔습니다.
마젤란은 최초로 세계 일주를 한 인물입니다.

Day 004   2) 아크로폴리스

고대 그리스는 산지가 많아 통일 국가를 이루지 못하였습니다. 기원전 10세기경부터 촌
락들은 방어를 위해 높은 언덕에 성과 요새를 쌓았습니다. 이것이 폴리스로 발전하였습
니다. 아고라는 경제생활과 사회적 교류의 중심지입니다.

Day 005   3) 모헨조다로

하라파와 모헨조다로는 계획도시로 도로를 포장하였으며, 배수 시설과 목욕탕, 광장, 창
고 등을 설치하였습니다. 집집마다 우물이 있었으며 청동기와 문자를 사용했습니다.

Day 001 100가구도 안 되는 조그마한 어촌이었지만 미국 페리 함대의 내항 이후 일본을 대표하게 된 항만 도시는 어디일까요? `아시아`

1) 나고야
2) 오사카
3) 마스야마
4) 요코하마

Day 002 1711년 성년 남자 수를 기준으로 인두세를 거두지 않은 청나라 황제는 누구일까요? `아시아`

1) 건륭제
2) 강희제
3) 옹정제

Day 003   당나라 시대 변방을 지키기 위해 설치한 군정 사령
관을 무엇이라 할까요? 아시아

1) 신사
2) 절도사

Day 004   인도 굽타 왕조 시기에 대한 설명이 맞으면 O표,
틀리면 X표 하시오. 아시아

1) 힌두교가 민족 종교로 발전하였고, 불교가 쇠퇴하였다. (   )
2) 브라만 계급의 산스크리트어가 공용어가 되면서 산스크리트 문학이 발달하였
   다. (   )
3) 헬레니즘 미술의 영향으로 신을 인간의 모습으로 간다라 양식이 발달하였다.
   (   )

Day 005   미국에서 아프리카로 돌아간 흑인들을 기반으로
세워진 국가는 어디일까요? `아프리카`

1) 모로코
2) 알제리
3) 라이베리아
4) 에티오피아

Day 001 4) 요코하마

미국 페리 함대가 2개월 동안 정박하며 막부에 압력을 가하여 조약이 체결된 이후 요코하마는 서양 문물이 급속히 수입되어 발전하였습니다. 현재는 도쿄 다음으로 인구가 많은 도시가 되었습니다.

Day 002 2) 강희제

강희제가 인두세를 거두지 않으면서 인두세를 토지세에 합하여 은으로 한꺼번에 내는 지정은제가 자리를 잡아갔습니다. 이로 인해 청대에 인구가 크게 늘면서 변경 지역으로 인구 이동이 활발해졌습니다.

Day 003 2) 절도사

신사는 명ㆍ청 때의 지배층으로 요역을 면제받고 가벼운 형벌은 면책 특권을 누렸으며, 대토지를 소유하였습니다.

Day 004 1) O 2) O 3) X

헬레니즘 미술은 쿠샨 왕조의 중심지였던 서북 인도의 간다라 지방에서 인도 문화와 헬레니즘문화가 융합된 간다라 양식이 발전하였습니다. 간다라 양식으로 주로 불상이 제작되었습니다.

Day 005 3) 라이베리아

'자유의 나라'라는 뜻의 라이베리아는 1847년 미국으로부터 독립을 선언하고 아프리카의 첫 번째 공화국이 되었습니다.

Day 001   이베리아반도에서 이슬람 세력에 대한 재정복 운동을 통해 세워진 카스티야와 아라곤이 결혼을 통해 합쳐져 만들어진 국가는 어디일까요? 유럽

1) 에스파냐
2) 포르투갈

Day 002   이슬람의 다수로 무함마드의 언행을 따르며 공동 체의 통일을 중시하는 세력은 무엇일까요? `아시아`

1) 수니파
2) 시아파

Day 003   산업 혁명 초기 비참한 삶을 살던 노동자들이 기계 를 파괴하는 운동을 무엇이라고 할까요? `유럽`

1) 러다이트 운동
2) 차티스트 운동

Day 004　　청의 중국 정복을 도와 번왕에 오른 오삼계 등의 한족 무장이 청나라에 반기를 들었던 삼번의 난을 진압한 황제는 누구일까요? 아시아

1) 강희제
2) 건륭제
3) 옹정제

Day 005　　청 정부가 혁명군을 진압하기 위해 기용했지만, 오히려 청 황제를 퇴위시키고 중화민국의 대총통으로 추대된 인물은 누구일까요? 아시아

1) 쑨원
2) 위안스카이

정답

Day 001 1) 에스파냐

포르투갈은 12세기 카스티야로부터 독립하였습니다. 15세기 후반에는 통일 국가로 성장하여 신항로 개척에 앞장서게 됩니다.

Day 002 1) 수니파

시아파는 알리와 그의 후손만을 무함마드의 정통한 후계자로 여깁니다.

Day 003 1) 러다이트 운동

산업 혁명 당시 노동자들은 자신들의 고통이 기계 탓이라 생각하며 기계를 파괴하는 운동 "러다이트 운동"을 전개하였습니다. "차티스트 운동"에서는 노동자들이 참정권 등 정치적 권리를 주장하였습니다.

Day 004 1) 강희제

강희제는 삼번의 난을 진압하고 타이완의 반청 세력을 제압했습니다. 시베리아에 진출한 러시아와 네르친스크 조약을 통해 국경을 확정짓기도 하였습니다.

Day 005 2) 위안스카이

위안스카이는 임오군란 당시 청군을 이끌고 왔던 인물로 대총통이 된 후 황제 제도의 부활을 시도하다가 죽습니다. 쑨원은 중화민국 건국의 기본 이념인 삼민주의를 제시하였습니다.

Day 001 영국에서 1779년에 완성된 세계 최초의 철교는 어느 계곡에 있을까요? 유럽

1) 브리즈번 계곡
2) 아이언 브리지 계곡

Day 002   '청을 도와 서양 세력을 멸하자.'는 구호를 내걸며 외국인과 교회를 공격한 단체는 무엇일까요? 아시아

1) 의화단
2) 상제회

Day 003   독일의 총리로 제2차 세계대전을 일으킨 인물은 누구일까요? 유럽

1) 히틀러
2) 무솔리니

Day 004   남북 전쟁 당시 연방에서 탈퇴한 남부의 주는 몇 개일까요? `아메리카`

1) 9개
2) 11개
3) 13개
4) 15개

Day 005   이집트의 여왕이자 시저와 안토니아누스의 연인이 었던 인물은 누구일까요? `아프리카`

1) 양귀비
2) 클레오파트라

정답

Day 001 2) 아이언 브리지 계곡
영국 버밍엄에서 북서쪽으로 50km 떨어진 아이언 브리지 계곡에는 길이 60m, 너비 7m, 무게 약 400톤에 이르는 세계 최초의 철교가 있습니다. 아이언 브리지 계곡 부근은 1986년 유네스코 세계 문화유산으로 등재되었습니다. 브리즈번 계곡은 호주에 있습니다.

Day 002 1) 의화단
의화단은 베이징을 점령한 후 청 정부의 지원 아래 베이징에 있는 외국 공관을 습격했지만 영국, 일본 등 8개국이 결성한 연합에 의해 진압당합니다. 이후 청은 외국 군대의 베이징 주둔을 허용하게 됩니다.

Day 003 1) 히틀러
대공황으로 독일 경제가 타격을 입자 히틀러가 지도하는 나치당이 급속히 세력을 확대하여 선거를 통해 제1당이 되었습니다. 히틀러는 극단적 민족주의와 인종주의를 앞세워 제2차 세계대전을 일으켰습니다.

Day 004 2) 11개
흑인노예제와 산업구조 그리고 무역방식으로 갈등을 일으키고 있던 남부 11개 주는 노예제 폐지에 찬성하는 링컨이 대통령에 당선되자, 연방에서 탈퇴하였습니다. 이후 남북전쟁(1861~1865)이 발발하게 됩니다.

Day 005 2) 클레오파트라
세계 3대 미인에 속하는 클레오파트라는 안토니우스의 군대와 손잡고 옥타비아누스의 맞서 싸웠으나 악티움 해전에서 패배합니다. 안토니우스가 죽었다는 말에 가슴을 뱀이 물게 하여 스스로 목숨을 끊었습니다.

Day 001 캉유웨이와 량치차오 등을 등용하여 과거제 폐지, 신교육 실시 등 근대적 개혁을 추진했던 청나라 황제는 누구일까요? 아시아

1) 함풍제
2) 동치제
3) 광서제

Day 002 당나라가 베트남 북부 지역을 다스리기 위해 7세기 후반에 설치한 기구는 무엇일까요? 아시아

1) 안동도호부
2) 안서도호부
3) 안북도호부
4) 안남도호부

Day 003   1830년 다섯 원주민 부족이 원주민 보호 구역으로 강제 추방당했다. 이 과정에서 체로키족은 1/4이 사망하였다. 이 길을 무엇이라 할까요? `아메리카`

1) 눈물의 길
2) 아픔의 길
3) 통곡의 길

Day 004　　　한나라 무제가 동중서의 건의로 설치한 유학 교육 기관은 무엇일까요? `아시아`

1) 태학
2) 국자감
3) 성균관

Day 005　　　시칠리아를 정복하고 이탈리아의 통일을 위해 사르데냐 왕에게 바친 인물은 누구일까요? `유럽`

1) 가리발디
2) 카보우르
3) 비토리오 에마누엘레 2세

정답

Day 001 3) 광서제

동치제의 뒤를 이어 황제에 오른 광서제는 일본의 메이지 유신을 본떠 과거제 폐지, 신교육 실시, 상공업 육성 등 행정, 교육, 법률, 경제의 다양한 방면에서 근대적 개혁을 추진하였습니다. 이를 무술개혁이라고 합니다. 그러나 보수파의 반발로 개혁 100일 만에 좌절되고 맙니다.

Day 002 4) 안남도호부

안동도호부는 고구려 지역을 통치하기 위해서 설치하였고, 안서도호부는 동투르키스탄 및 그 서방의 무역로를 관할하기 위해 설치했습니다. 안북도호부는 몽골고원과 바이칼호 일대의 거주하던 투르크계 유목민 돌궐을 다스리기 위해 설치했습니다.

Day 003 1) 눈물의 길

1830년 미국 의회는 원주민 추방법을 만들어 체로키족, 크리크족, 촉토족, 차카소족, 세미놀족 등 다섯 원주민 부족을 서쪽의 원주민 보호 구역으로 강제 추방하였습니다.

Day 004 1) 태학

국자감은 고려시대 최고 교육기관이며, 성균관은 조선시대 최고 교육기관입니다.

Day 005 1) 가리발디

시칠리아를 정복한 가리발디는 중부 이탈리아를 병합하고 남부로 내려오던 샤르데냐 왕국의 군대와 마주칩니다. 이때 가리발디는 자신이 점령한 남부 지역을 샤르데냐 왕국의 비토리오 에마누엘레 2세에게 바쳤습니다. 이로써 1861년 이탈리아 왕국이 탄생하였습니다.

Day 001   당의 고승 현장이 인도 구법 여행 중에 겪었던 일들을 남긴 책의 이름은 무엇일까요? 아시아

1) 불국기
2) 대당서역기
3) 왕오천축국전

Day 002 프랑스 7월 혁명에 대한 설명이 맞으면 O표, 틀리면 X표 하시오. 유럽

1) 샤를 10세는 의회를 해산하고 전제 정치를 실시하였다. (   )

2) 샤를 10세를 추방하고, 루이 필리프를 왕으로 하는 입헌 군주제를 수립하였다.
   (   )

3) 7월 왕정에서는 노동자와 자유주의자가 권력과 부를 독점하였다. (   )

Day 003 1004년 송과 요의 황제가 형제 관계를 맺고, 송이 해마다 요에 세폐를 바치기로 한 사건은 무엇일까요? 아시아

1) 전연의 맹약

2) 정강의 변

Day 004   베이징으로 천도하고 국호를 원으로 바꾼 원나라 황제는 누구일까요? 아시아

1) 칭기즈 칸
2) 쿠빌라이 칸

Day 005   쿠빌라이 칸의 명령으로 만들어져서 몽골 제국의 공식 문자로 채택된 것은 무엇일까요? 아시아

1) 서하문자
2) 거란문자
3) 여진문자
4) 파스파문자

Day 001 2) 대당서역기

'불국기'는 동진의 승려였던 법현이 인도에서 불법을 연구하고 저술한 책입니다. '왕오천국국전'은 신라의 승려 혜초가 인도 순례 후 저술한 책입니다.

Day 002 1) O 2) O 3) X

1830년 7월 혁명은 샤를 10세의 전제정치에 일어난 혁명으로 소수 은행가들과 대지주들이 권력과 부를 독점하였습니다. 선거권도 극소수의 부유한 시민들에게만 주어졌습니다.

Day 003 1) 전연의 맹약

정강의 변은 금나라가 송을 공격하여 수도인 카이펑을 함락하고 화북 지역을 점령한 사건입니다.

Day 004 2) 쿠빌라이 칸

칭기즈 칸은 서하와 금나라를 침공하였고 호라즘을 정복하였습니다. 쿠빌라이 칸은 중국 연호와 관료제를 수용하였고, 고려를 복속시키고 남송을 정복하면서 유목 국가 최초로 중국 전역을 지배하였습니다.

Day 005 4) 파스파문자

서하문자, 거란문자, 여진문자는 송나라 시대에 만들어졌습니다. 파스파문자는 승려였던 파스파가 쿠빌라이 칸의 명령으로 만들었고, 원의 공식 문자가 되었습니다.

Day 001　　15세기에 오키나와 열도에 자리하고 조선에 조공을 받쳤던 왕조는 무엇일까요? `아시아`

1) 호 왕조
2) 류큐 왕국

Day 002　　다음 〈보기〉 중 알맞은 말을 골라 O표 하시오. 유럽

〈보기〉

고대 그리스 아테네는 현재의 민주정치와는 달리

(직접 민주정치, 간접 민주정치)였고,

(모든 시민, 성인 남성)만이 참정권이 보장되었다.

Day 003   헬레니즘 시대 이성적인 삶을 추구하며, 시민으로서의 의무를 강조하던 학파는 무엇일까요? 유럽

1) 스토아학파

2) 에피쿠로스학파

Day 004   레판토 해전에서 오스만 제국을 격파한 에스파냐
의 왕은 누구일까요? 유럽

1) 헨리 7세
2) 앙리 4세
3) 펠리페 2세

Day 005   명 만력제의 신임을 받아 일조편법을 확대 시행한
인물은 누구일까요? `아시아`

1) 왕안석
2) 장거정

Day 001 2) 류큐 왕국
호 왕조는 베트남에서 1400년 건국했지만 1407년 명의 침략으로 멸망하였습니다. 오키나와 열도의 중산, 북산, 남산 세 왕조를 중산 왕조가 1429년 통일하며 류큐 왕국을 수립하였습니다.

Day 002 직접 민주정치, 성인 남성
고대 그리스 아테네는 현재와는 달리 인구가 적었고, 델로스 동맹을 통해 경제적인 안정을 이루었기에 직접 민주정치를 할 수 있었습니다.

Day 003 1) 스토아학파
에피쿠로스학파는 삶의 행복을 위해 마음의 안정과 만족을 얻고자 했습니다.

Day 004 3) 펠리페 2세
영국의 헨리 7세는 장미 전쟁을 수습하고 튜더 왕조를 열었습니다. 프랑스의 앙리 4세는 신교도에게 종교적 자유를 허용하는 낭트 칙령을 발표하였습니다.

Day 005 2) 장거정
왕안석은 송나라의 개혁가로 청묘법, 모역법, 시역법, 보갑법, 보마법 등의 정책을 추진하였습니다. 장거정은 명나라의 개혁가로 관료들의 업적을 엄격하게 평가하여 인사에 반영하고 토지 조사를 실시하였습니다. 또한 여러 항목으로 나뉘어 있던 세금을 단순화하여 은으로 징수하는 일조편법을 시행하였습니다.

Day 001   임진왜란 당시 일본이 명나라에게 요구했던 내용이 아닌 것은 무엇일까요? 아시아

1) 명 황제의 딸을 후궁으로 요구

2) 조선 남부 4도를 요구

3) 명과 일본의 무역 재개

4) 명 왕자 한 명을 볼모로 요구

Day 002   도요토미 히데요시가 죽고 벌어진 세키가하라 전투에서 승리한 인물은 누구일까요? <mark>아시아</mark>

1) 도요토미 히데요리
2) 도쿠가와 이에야스

Day 003   19세기 일본에서 네덜란드를 통해 유입된 서양의 자연 과학, 의학 등을 무엇이라 부를까요? 아시아

1) 고학

2) 국학

3) 난학

Day 004　　　프랑스 혁명의 이념적 성과를 반영하였고, 전 유럽에 전파되어 각국의 법전 형성에 영향을 미친 법전은 무엇일까요? 유럽

1) 나폴레옹 법전
2) 유스티니아누스 법전

Day 005   제1차 세계 대전 당시 삼국 동맹에 속하지 않는 나라는 어디일까요? `유럽`

1) 독일

2) 오스트리아

3) 이탈리아

4) 러시아

Day 001 4) 명 왕자 한 명을 볼모로 요구

일본은 조선 왕자 한 명을 일본에 볼모로 보낼 것을 요구하였습니다.

Day 002 2) 도쿠가와 이에야스

1600년 도쿠가와 이에야스가 이끄는 동군이 도요토미 히데요리를 받들던 서군을 이기면서 에도 막부가 시작됩니다.

Day 003 3) 난학

고학은 일본에서 공자와 맹자 때의 유학으로 복귀를 주장하던 학문입니다. 국학은 일본 고대 문헌에 깃들어 있는 일본 정신으로 돌아갈 것을 주장하는 학문을 말합니다.

Day 004 1) 나폴레옹 법전

유스티니아누스 법전은 "로마법 대전"이라고 불리며, 동로마 황제 유스티니아누스 1세의 명령으로 편찬된 대법전입니다.

Day 005 4) 러시아

삼국 동맹은 독일이 프랑스를 고립시키기 위해 오스트리아, 이탈리아와 체결한 것입니다. 삼국 협상은 영국, 프랑스, 러시아가 삼국 동맹에 대항하기 위해 체결했습니다.

Day 001 프랑스혁명 당시 공화정을 주장하는 소수의 급진파로 도시 노동자의 입장을 대변한 파는 무엇일까요? 유럽

1) 자코뱅파
2) 지롱드파

Day 002 제1차 세계 대전 이후 중국과 일본이 부딪혔던 '21개조 요구'에서 문제가 되었던 지역은 어디일까요? 아시아

1) 산둥반도
2) 요동반도
3) 홍콩반도

Day 003   미국이 영국으로부터 독립하면서 획득한 주는 몇 개일까요? 아메리카

1) 10개
2) 13개
3) 15개
4) 18개

Day 004　　쑨원이 사망한 이후 중국 국민당의 실권을 장악하고 북벌을 시작한 인물은 누구일까요? 아시아

1) 장제스
2) 마오쩌둥
3) 위안스카이

Day 005　　영국 크롬웰이 네덜란드에 타격을 주고자 만든 법은 무엇인가? 유럽

1) 심사법
2) 항해법

Day 001 1) 자코뱅파

지롱드파는 온건파로 상공업에 종사하는 부유한 시민을 대변하였습니다.

Day 002 1) 산둥반도

21개조 요구는 산둥성의 독일 이권을 일본에게 양도하고, 뤼순 · 다롄의 조차 기한을 99년 연장하라는 내용이 담겨져 있습니다.

Day 003 2) 13개

1783년 영국으로부터 북아메리카의 13개 식민지가 독립하면서 미국이 되었습니다.

Day 004 1) 장제스

장제스는 1926년에 시작한 북벌을 1928년 베이징을 점령하며 완성합니다

Day 005 2) 항해법

항해법은 영국과 식민지로 들어오는 수입품의 수송은 영국이나 그 식민지의 선박 또는 수출하는 국가의 선박을 이용하도록 규정한 법입니다. 심사법은 찰스2세가 가톨릭교도를 포함하는 비국교도의 공직 취임을 금지하는 법입니다.

45
Week

Day 001   신해혁명 이후 청으로부터 외몽골의 독립 선언을
도와준 나라는 어디일까요? 아시아

1) 영국

2) 프랑스

3) 러시아

4) 네덜란드

Day 002 18세기 스위프트의 "걸리버 여행기"에서 걸리버가 여행한 곳이 아닌 것은 어디일까요? 유럽

1) 소인국
2) 대인국
3) 바다 아래 궁전
4) 하늘을 나는 섬나라

Day 003   〈보기〉의 내용과 관련 있는 것을 고르시오. 아메리카

〈보기〉

'콜럼버스의 날'   '원주민의 날'   '탈식민화의 날'

1) 미국 독립

2) 신항로 개척

Day 004   송나라 때 경제 발전에 대한 설명이 맞으면 O표, 틀리면 X표 하시오. 아시아

1) 저습지에 제방을 둘러 농지로 만드는 방법이 개발되었다. (   )

2) 용골차를 이용하여 논으로 물을 쉽게 올릴 수 있었다. (   )

3) 모내기가 보편화되고, 통일벼가 남방에서 도입되었다. (   )

Day 005   콜럼버스가 아메리카에 후추가 없자, 수입을 얻기 위해 도입한 작물은 무엇일까요? 아메리카

1) 감자

2) 옥수수

3) 사탕수수

Day 001 3) 러시아

신해혁명이 일어나자 외몽골 지도자들은 러시아의 도움으로 독립 선언을 준비합니다. 1911년 외몽골의 독립을 선포했고, 중국이 반발하자, 러시아·중국·몽골의 3자 협상에 따라 캬흐타 협정이 체결되어 외몽골의 독립은 부정되고 자치만이 인정되었습니다.

Day 002 3) 바다 아래 궁전

스위프트는 걸리버가 소인국, 대인국, 하늘을 나는 섬나라 등을 표류하며 기이한 경험을 하는 "걸리버 여행기"를 통해 당시 영국의 정치, 사회의 타락과 부패를 비판하였습니다.

Day 003 2) 신항로 개척

콜럼버스의 도착을 미국에서는 '콜럼버스의 날'로 정해 연방 공휴일로 경축해 왔으나, 점차 '원주민의 날'로 대체하여 토착 원주민을 기리는 주가 늘어나고 있습니다. 볼리비아에서는 '탈식민화의 날'로 정해 유럽인의 원주민 학살을 규탄하고 있습니다.

Day 004 1) O 2) O 3) X

송나라 때에는 농업기술이 발달하면서 경제가 크게 성장하였습니다. 특히 참파벼는 가뭄에 강하고 성장기가 짧아 한 해 두 번 수확할 수 있었습니다. 통일벼는 우리나라에서 1970년대 주곡의 자급을 달성하게 한 신품종 벼입니다.

Day 005 3) 사탕수수

당시 유럽에서는 설탕의 인기가 매우 높았습니다. 사탕수수 재배와 설탕 제조에 많은 노동력이 필요하여 설탕의 가격은 매우 높았습니다. 이에 아프리카의 노예의 노동력으로 아메리카에서 사탕수수를 재배하고 막대한 이익을 얻었습니다. 감자와 옥수수는 아메리카에서 유럽으로 전파된 작물입니다.

Day 001   근대 철학자로서 경험적 지식에 기반을 둔 귀납법을 확립시킨 인물은 누구일까요? 유럽

1) 베이컨

2) 데카르트

〈보기〉에 들어갈 단어를 올바르게 고르시오. 유럽

〈보기〉

관세와 관련해서는

(보호무역제도, 자유무역제도)를 확립해야 합니다.

생산자와 상인을 수공업 길드에 편입시켜야 합니다.

백성에게 해를 끼치는 국가 재정 적자를 줄여야 합니다.

국산품의 해상 운송을 프랑스가 다시 맡도록 해야 합니다.

(교역국, 식민지)를 발전시켜 무역에서 프랑스에 종속시켜야 합니다.

Day 003   '파리 강화 회의'의 '민족 자결주의' 원칙이 적용된
국가는 무엇일까요? 유럽

1) 제1차 세계 대전에서 승리한 연합국
2) 제1차 세계 대전에서 패배한 나라들

Day 004   몽골이 일본을 침략했을 당시 실패한 원인은 무엇일까요? `아시아`

1) 지진
2) 태풍
3) 조총
4) 군사력

Day 005　　　세계 7대 불가사의이면서 갈릴레이가 과학 실험을
한 이탈리아 피사에 있는 건축물의 이름은 무엇일까요? `유럽`

1) 피사 대성당
2) 피사의 사탑

Day 001 1) 베이컨

영국의 대법관이자 과학자였던 베이컨은 1620년 "노붐 오르가눔"이란 저서에서 인간의 감각에 의해 얻어지는 지식, 즉 엄격한 경험적 지식에 기반을 둔 귀납법을 확립시켰습니다. 데카르트는 반박할 수 없는 확실한 공리에서 출발하여 결론을 얻는 연역법을 주장하였습니다.

Day 002 보호무역제도, 식민지

영국, 프랑스 같은 절대 왕정은 생산보다는 상업과 무역이 국가의 부를 늘리는 수단으로 여겼습니다. 금과 은을 국부의 원천이라 여기고 확보하고자 수출을 증대하고 수입을 억제하였습니다. 이를 위해 국내 산업을 육성하고 보호하였으며, 식민지 획득에 적극 나섰습니다.

Day 003 2) 제1차 세계 대전에서 패배한 나라들

어떤 민족이 다른 민족을 간섭해서는 안 된다는 것이 '민족 자결주의'입니다. 하지만 이 원칙은 세계 대전에서 패배한 나라들만 식민지를 반환했고, 승리한 연합군은 자신들의 식민지에 주권에 돌려주지 않았습니다. 당시 대한민국 임시 정부도 파리 강화 회의에 '김규식'을 대표로 보냈지만 일본이 승리한 연합국 쪽이었기 때문에 독립을 얻어내지 못했습니다.

Day 004 2) 태풍

일본인들은 몽골 침략 때의 태풍을 '신의 바람(가미카제)'라고 부르며, 일본이 신의 가호를 받는 나라라는 신국 사상이 퍼졌다.

Day 005 2) 피사의 사탑

피사 대성당은 로마네스크 양식을 대표하는 건축물입니다. 피사의 사탑은 성당의 종탑으로 기단이 가라앉아 수직면에서 5.2m 기울어져 있습니다. 갈릴레이는 무게가 다른 두 개의 물체가 동시에 땅에 떨어진다는 것을 입증하는 낙하 실험을 하였습니다.

Day 001   신항로 개척 이후 유럽에 전래되어 '가난한 자의 빵'이라 불리었던 작물은 무엇일까요? 유럽

1) 감자
2) 고구마
3) 옥수수

Day 002   1969년 북아일랜드의 수도 벨파스트에 신·구교도의 거주지를 분리하기 위해 설치된 장벽을 무엇이라 할까요? 유럽

1) 통곡의 벽
2) 평화의 벽

Day 003   신항로 개척으로 인한 변화에 대한 설명이 맞으면 O표, 틀리면 X표 하시오. 유럽

1) 유럽에 감자, 옥수수, 담배 등 아메리카 대륙의 작물이 도입되었다. (   )

2) 아메리카 대륙에 하나의 작물만을 재배하게 하여 경제적 문제를 일으켰다.

   (   )

3) 차와 설탕, 면직물이 아시아로 대량 들어와 생활이 풍요로워졌다. (   )

Day 004   사마천이 쓴 "사기"는 어떤 방식으로 역사를 서술하였나요? 아시아

1) 기전체
2) 편년체
3) 기사본말체

Day 005   위진 남북조 시대에 중정관이 자기 지역의 인물을 몇 등급으로 평가하여 추천했나요? 아시아

1) 7등급
2) 9등급
3) 11등급
4) 13등급

Day 001 1) 감자
유럽인들은 처음에는 감자를 거들떠보지도 않았습니다. 그러나 18세기 기근이 자주 일어나자 추위에 강하고 거친 땅에서도 잘 자라는 감자의 장점이 알려지면서 재배가 확산되었습니다.

Day 002 2) 평화의 벽
영국의 아일랜드 식민 정책은 제임스 1세 때 본격화되었습니다. 그는 북아일랜드에 신교도를 많이 이주시켜 구교도인 토착민을 압도해 나갔습니다. 결국 아일랜드는 오랜 독립 운동 끝에 1949년 독립하였으나, 이주민이 많았던 북아일랜드는 영국에 남아 갈등이 커져, 1969년 신·구교도를 분리시키는 평화의 벽이 설치되었습니다.

Day 003 1) O 2) O 3) X
차와 설탕, 면직물 등 동방 산물이 유럽에 대량으로 들어오면서 유럽인의 기호와 취향이 변화고 생활이 풍요로워졌습니다. 오세아니아의 뉴질랜드는 숲과 늪지에서 유럽인이 목양을 위한 초지를 조성하는 과정에서 생태계가 변하기도 하였습니다.

Day 004 1) 기전체
기전체는 "사기"를 시작으로 본기(제왕), 표(연표), 서(제도, 문화), 세가(제후), 열전(인물)으로 구성되어 있습니다. 편년체는 시간순서대로, 기사본말체는 사건을 유형별로 나누어 서술하는 방식입니다.

Day 005 2) 9등급
9품 중정제라고 합니다. 중정관이 인물을 9등급으로 평가하여 추천하면, 국가가 이를 바탕으로 인재를 등용하는 제도입니다. 그러나 대부분 유력 호족들이 좋은 평가를 받으며 문벌 귀족을 형성하게 됩니다.

Day 001 청각 장애를 가지게 되었지만 '운명'같은 교향곡을
작곡한 독일의 음악가는 누구일까요? 유럽

1) 베토벤
2) 하이든
3) 모차르트

Day 002 중국이 정복지를 직접 지배하는 것이 아니라, 현지 유력자를 통
해 간접 지배하는 방식을 무엇이라 할까요? 아시아

1) 기미정책
2) 산킨코타이

Day 003　피서 산장 주변에도 외팔묘라 불리는 사원을 설치하며, 청나라 황실의 종교로 삼은 것은 무엇일까요? 아시아

1) 조선 불교
2) 티베트 불교
3) 조로아스터교
4) 크리스트교

Day 004   신교 확산을 막기 위한 트리엔트 공의회에 대한 설명이 맞으면 O표, 틀리면 X표 하시오. `유럽`

1) 교황의 권위와 교리를 재확인하고 폐단을 시정하였다. (   )

2) 종교 재판소를 설치하고 금서 목록을 작성하였다. (   )

3) 신교도와의 전쟁을 결정하고 네덜란드의 신교도 고이센과 전쟁을 일으켰다.
   (   )

Day 005   트로이 신관과 두 아들이 포세이돈의 저주받는 모습을 표현한 헬레니즘 미술을 대표하는 예술작품은 무엇일까요? `유럽`

1) 라오콘 군상

2) 원반 던지는 사람

Day 001 1) 베토벤

베토벤은 '음악의 성인' 또는 '악성'이라고 불리는 고전주의와 낭만주의의 활동한 음악가입니다. 베토벤은 나폴레옹을 모델로 교향곡 3번 '영웅'을 완성하였으나, 훗날 나폴레옹을 비판합니다. 하이든과 모차르트는 오스트리아 출신의 음악가입니다.

Day 002 1) 기미정책

기미란 소나 말을 제어하는 굴레와 고삐를 가리키는 말입니다. 중국은 정복지의 유력자에게 중국의 관직을 수여하고 그들에게 통치를 맡겨 제어하는 기미정책을 오랫동안 진행하였습니다. 산킨코타이는 에도 막부 시대 다이묘를 1년 걸러 에도에 출사시키고, 그들의 가족을 인질로 에도에 거주시킨 제도입니다.

Day 003 2) 티베트 불교

티베트 불교는 청 군사력의 기반이었던 몽골인에게 영향력이 큰 종교였습니다. 청나라 황제들은 여름 거주지인 열하의 피서 산장 주변에 티베트 양식의 사원과 묘를 설치하였습니다.

Day 004 1) O 2) O 3) X

신교의 확산에 위기감을 느낀 로마 가톨릭교회는 트리엔트 공의회를 통해 자정노력과 식민지로의 선교활동에 주력합니다. 네덜란드의 신교도 고이센은 에스파냐와 전쟁을 일으켜 독립을 달성합니다.

Day 005 1) 라오콘 군상

원반 던지는 사람은 고대 그리스의 조각가 미론이 기원전 460~450년경에 제작한 청동상입니다.

Day 001   1942년 미군이 일본군을 상대로 태평양 전쟁의 주
도권을 잡게 된 전투는 무엇일까요? 아시아

1) 미드웨이 해전
2) 오키나와 전투

Day 002   영국 국교회는 누구의 이혼 문제가 계기가 되어 만들어졌을까요? 유럽

1) 헨리 8세
2) 엘리자베스 1세

Day 003   1898년 설립된 중국 최초의 대학으로, 오늘날 베이징 대학의 전신은 무엇일까요? 아시아

1) 동문관
2) 경사 대학당
3) 게이오 의숙

Day 004　카롤루스 대제의 프랑스 이름으로 유럽의 통합과 발전에 공헌한 인물에게 주는 상은 무엇일까요? 유럽

1) 노벨 평화상

2) 샤를마뉴 상

Day 005   1648년 베스트팔렌 조약의 결과가 아닌 것은 무엇일까요? 유럽

1) 스위스의 독립
2) 네덜란드의 독립
3) 칼뱅파 공인
4) 루터파 공인

Day 001 1) 미드웨이 해전

오키나와 전투는 일본군이 본토 결전을 대비하기 위해 시간을 벌고자 끝까지 저항한 전투입니다. 이 당시 일본군에 의해 오키나와 주민들이 살해당하고 강제로 자결을 요구받으며 많은 피해를 입었습니다.

Day 002 1) 헨리 8세

헨리 8세는 교황이 왕비와의 이혼을 허락하지 않자 수장법을 내려 국왕이 영국 교회의 수장임을 선포하고 영국 교회를 교황의 지배에서 독립시켰습니다. 이어 수도원을 해산하고 토지와 재산을 몰수하여 왕실 재정을 강화하였습니다. 엘리자베스 1세는 통일법으로 영국 국교회를 확립시킨 왕입니다.

Day 003 2) 경사 대학당

동문관은 1862년에 베이징에 설립되어 서양의 언어, 과학, 사상, 제도를 연구했습니다. 게이오 의숙은 일본 학교로 영어 교육과 영미학 교육을 실시하였습니다.

Day 004 2) 샤를마뉴 상

1950년부터 분열된 서유럽 세계를 정치적 · 문화적으로 통일한 카롤루스 대제의 이름에서 가져온 '샤를마뉴 상'을 수여하고 있습니다. 2016년에는 프란치스코 교황이 수상하였습니다.

Day 005 4) 루터파 공인

루터파는 1555년 아우크스부르크 화의에서 개인이 아닌 제후와 자유 도시는 종교 선택권을 가질 수 있다는 내용으로 인정받았습니다.

Day 001   명나라 말 예수회 선교사 마테오리치가 중국인과 동
아시아 사람들의 세계관을 크게 넓혀 준 것은 무엇일까요? 아시아

1) 기하원본
2) 곤여만국전도

Day 002   청나라의 경극과 일본 에도 시대 가부키의 공통점은
무엇일까요? 아시아

1) 지배층을 위한 연극이다.
2) 남성이 여성 역할을 맡았다.

Day 003   15세기 중엽 일부 계층이 독점하고 있던 지식을 활판 인쇄술로 대중화시킨 인물은 누구일까요? `유럽`

1) 구텐베르크
2) 바스코 다 가마

Day 004   무슬림 여성의 신체를 가리는 베일을 대표하는 것은 무엇일까요? `아시아`

1) 니캅
2) 히잡
3) 부르카
4) 차도르

Day 005   1만 7천명이 앉아 관람할 수 있는 최초의 석조 극장인 디오니소스가 있던 나라는 어디일까요? 유럽

1) 고대 로마
2) 페니키아
3) 고대 그리스

Day 001 2) 곤여만국전도

곤여만국전도는 서양에서 간행된 지도와는 달리 중국을 지도 가운데에 배치한 세계 지도입니다. 기하원본은 명 말의 학자 서광계가 마테오리치와 함께 에우클레이데스의 "기하원본"을 번역한 것입니다.

Day 002 2) 남성이 여성 역할을 맡았다.

경극은 청나라 시대 베이징을 중심으로 발전한 연극으로 아름다운 외모의 남자가 여성 역할을 맡았습니다. 가부키는 조닌 계층에게 큰 인기를 얻었던 연극으로 남자가 여자의 역할을 맡았습니다.

Day 003 1) 구텐베르크

구텐베르크가 실용화한 활판 인쇄술은 르네상스 문화를 뒷받침하였을 뿐 아니라 루터의 종교 개혁 또한 가능하게 하였습니다. 바스코 다 가마는 아프리카 희망봉을 돌아 인도의 캘리컷에 도착한 인물입니다.

Day 004 2) 히잡

니캅은 눈을 제외한 상반신을 가리는 베일, 부르카는 전신을 포함해 얼굴까지 가리는 베일, 차도르는 얼굴을 제외한 전신을 가리는 베일을 일컫습니다.

Day 005 3) 고대 그리스

고대 그리스에서는 연극 공연이 신께 바치는 제사라고 여겼습니다. 그리스의 극장은 오늘날의 연극 무대와 극장 설계에 큰 영향을 끼쳤는데, 주변에서 흔히 보는 노천극장은 고대 그리스 극장의 모양을 따르고 있습니다.

Day 001 송나라 왕안석의 신법에 대한 설명이 맞으면 O표, 틀리면 X표 하시오. 아시아

1) 청묘법으로 소상인에게 싼 이자의 자금을 융자하였다. (   )

2) 시역법으로 농민에게 싼 이자로 영농 자금을 융자하였다. (   )

3) 보마법으로 농가에서 말을 기르게 하고, 전쟁 때에는 군마로 징발하였다.

(   )

Day 002   영국 셰익스피어의 4대 비극이 아닌 것은 무엇일까요? 유럽

1) 햄릿
2) 오셀로
3) 맥베스
4) 돈키호테

Day 003 로마 베스파시아누스 황제는 콜로세움을 짓느라 부족해진 국고를 이것을 거두어 판매하는 업자에게 세금을 부과하였다. 이것이 무엇일까요? 유럽

1) 소변
2) 비단
3) 생선
4) 고기

Day 004 고대 로마에서 승리와 영광을 뜻하는 나무는 무엇
일까요? 유럽

1) 소나무
2) 잣나무
3) 월계수
4) 포도나무

Day 005　　북유럽의 르네상스에 대한 설명이 맞으면 O표, 틀리면 X표 하시오. 유럽

1) 미술에서는 반에이크 형제가 유화 기법을 개발하였다. (　　　)

2) 문학에서는 라틴 어 대신 모국어로 쓴 국민 문학이 발달하였다. (　　　)

3) 에라스뮈스는 "유토피아"에서 교회의 허식과 성직자의 타락을 비판하였다.
　　(　　　)

Day 001 1) X   2) X   3) O
청묘법은 농민에게 싼 이자로 영농 자금을 융자하고, 시역법은 소상인에게 싼 이자의 자금을 융자하는 것이 중요하였습니다.

Day 002 4) 돈키호테
셰익스피어의 4대 비극은 햄릿, 리어 왕, 오셀로, 맥베스입니다. 돈키호테는 에스파냐의 세르반테스의 작품으로 몰락하는 기사를 풍자한 작품입니다.

Day 003 1) 소변
공중 화장실의 소변을 거두어 판매하는 업자에게 세금을 부과하는 것에 비판이 일자, 베스파시아누스 황제는 '돈에는 냄새가 나지 않는다.'라는 말을 남겼습니다.

Day 004 3) 월계수
월계수는 고대 그리스와 로마에서 승리와 영예의 상징물이었습니다. 고대 로마의 경우 승리한 장군이나 대시인에게 월계관을 수여하였습니다.

Day 005 1) O   2) O   3) X
에라스뮈스의 작품은 "우신예찬"입니다. "유토피아"는 영국의 토머스 모어의 작품으로 부조리한 현실 사회를 비판하고 빈부 격차가 없는 이상 사회의 모습을 제시하였습니다.

Day 001　이탈리아 르네상스 시대 분열된 이탈리아의 통일을 위해 새로운 군주의 출현을 기대하며 쓴 마키아벨리의 저서는 무엇일까요? 유럽

1) 군주론
2) 데카메론

Day 002　　1970년대 고복지 · 고비용 · 저효율을 특징으로 하는 '영국병"을 해결하기 위해 1979년 이전과 달라진 사회정책을 무엇이라 할까요? `21세기`

1) 대처주의
2) 레이거노믹스

Day 003   오늘날 인공 지능은 인간처럼 '학습'이 가능해졌다. 학습을 가능하게 한 이 기술을 무엇이라 할까요? `21세기`

1) AI
2) Deep Learning

Day 004   〈보기〉를 읽고, 괄호 안에 들어갈 단어는 고르시오.

21세기

〈보기〉

'오션 (   ) 프로젝트'는 10대 청소년의 아이디어로 시작하여
현재 큰 규모의 대중투자로 성장하였다.

1) 제로

2) 블루

3) 클린업

Day 005 〈보기〉의 괄호 안의 내용 중 알맞은 말을 골라 ○표 하시오. `21세기`

〈보기〉

2015년 9월 2일 터키의 한 해안가에서 엎드려 잠자고 있는 듯한
(꼬마, 여성)이 발견되었다.
내전을 피해 (유럽, 아시아)로 탈출하려다 숨진 시리아 난민이었다.

정답

Day 001 1) 군주론
마키아벨리는 군주는 목적을 달성하기 위해 수단과 방법을 가릴 필요가 없으며, 사자와 같이 용맹하고 여우와 같이 교활해야 한다고 주장하였습니다. 정치를 도덕에서 분리시켰고 이를 '마키아벨리즘'이라고 합니다. 데카메론은 보카치오의 작품으로 사회의 타락상과 인간의 위선을 풍자한 책입니다.

Day 002 1) 대처주의
영국 총리에 당선된 대처는 국영 기업의 민영화, 복지 예산 삭감과 세금 인하 등 기존과는 다른 사회 경제 정책을 펼쳤습니다. 레이거노믹스는 1980년대 레이건 정부가 추진한 경제 정책으로 정부의 기능을 중시하는 수정 자본주의 정책을 비판하였습니다.

Day 003 2) Deep Learning
AI는 인공지능을 의미합니다. Deep Learning은 인간의 두뇌가 수많은 정보 속에서 일종의 규칙을 발견한 뒤 사물을 구분하는 것에 착안하여, 이러한 정보 처리 방식을 기계에 적용한 기술입니다. 이로써 인공 지능은 인간처럼 '학습'이 가능해졌습니다.

Day 004 3) 클린업
10대였던 보얀슬랫의 아이디어로 시작한 '오션 클린업 프로젝트'는 세계적으로 큰 각광을 받고 있습니다. 보얀슬랫은 이 아이디어로 유엔 환경 계획에서 주관하는 '지구 환경 대상'을 최연소로 받았습니다.

Day 005 꼬마, 유럽
터키의 해안가에서 숨진 아이는 세 살이던 시리아 난민 아일란 쿠르디입니다. 유엔 난민 기구의 보고서에 따르면 전 세계 난민 수는 2015년 현재 5,950만 명으로 전 세계 인구수의 1%에 육박하고 있습니다. 국제 연합(UN)은 '세계 난민의 날(6월 20일)'을 지정하여 난민에 대한 관심을 촉구하고 있습니다.